A. T. HOV ANNESSIAN

COMER CRU

A CAUSA DAS DOENÇAS HUMANAS FOI FINALMENTE DESCOBERTA. TODAS AS DOENÇAS TÊM UMA CAUSA COMUM E UMA CURA COMUM.

AS DOENÇAS SÃO CAUSADAS PELA INTRODUÇÃO DE ALIMENTOS COZIDOS E OUTRAS SUBSTÂNCIAS VENENOSAS NO ORGANISMO.

O ÚNICO MEIO RADICAL DE CURAR DOENÇAS É INTERROMPER A INGESTÃO DE ALIMENTOS COZIDOS E OUTRAS SUBSTÂNCIAS FOSONOSAS.

A COZINHA PRIVA OS ALIMENTOS NATURAIS DAS SUAS PROPRIEDADES NUTRICIONAIS E CONVERTE-OS EM SUBSTÂNCIAS VENENOSAS E NOCIVAS.

TODOS OS DADOS CIENTÍFICOS RELACIONADOS COM OS VALORES NUTRITIVOS DAS PROTEÍNAS, VITAMINAS, MINERAIS, ETC. SÃO Equívocos ABSOLUTOS.

OS PROBLEMAS E DESPESAS REALIZADAS POR TODO O MUNDO NA PREPARAÇÃO DE REFEIÇÕES COZIDAS NÃO SÃO MAIS QUE DESPERDÍCIO.

TEERÃ

O DIREITO DE TRADUÇÃO OU REPUBLICAÇÃO É RESERVADO AO AUTOR, MAS CITAÇÕES E EXTRATOS PODEM SER FEITOS MEDIANTE RECONHECIMENTO DA FONTE
RECONHECIMENTO
Gostaria de expressar minha grande gratidão ao Sr. J. G. Hananian pelo cuidado e reflexão com que ele transformou meu livro em inglês fluente. Em alguns lugares, a tradução apresentou dificuldades consideráveis, mas não foram poupados esforços para tornar a versão em inglês tão legível quanto possível. ATERHOV

Esta reimpressão foi feita após um esforço substancial para contatar A.T. Hovannessiano. É impresso apenas com pequenas revisões gramaticais para melhorar a legibilidade da impressão original. A editora pretende oferecer informações sobre saúde para ajudá-lo a cooperar com seu médico ou outros profissionais de saúde na busca por uma boa saúde. Caso você use essas informações sem a aprovação do seu médico ou profissional de saúde, você prescreverá para si mesmo. Este continua sendo seu direito constitucional. A editora não assume nenhuma responsabilidade.

A versão portuguesa foi traduzida por Ali Aznaie (Farhang Mehr).
www.alifarhangmehr.com

ARSHAVIR TER-HOVANNESSIAN (ATERHOV)

COMER CRU
Um Novo Mundo Livre de Doenças, Vícios e Venenos

Terceira Edição Revisada
ALELUIA ACRES
Shelby, Carolina do Norte, EUA

Encomende e espalhe **COMER CRU**
A PROPAGAÇÃO DA COMIDA CRUA É O TRABALHO MAIS NOBRE E
HUMANO DESTE SÉCULO

Conteúdo

PREFÁCIO

Em 1978, li pela primeira vez o livro de Arshavir Ter-Hovannessian, Raw-Eating. Este trabalho inspirador foi uma das forças mais influentes na minha mudança para uma dieta crua. Hovannessian fez com que dois filhos morressem por causa da dieta que consumiam. Ele escreve: "Meus filhos morreram de emagrecimento gradual e definhamento de todos os seus órgãos, causado pela alimentação não natural e por medicamentos venenosos". Tudo isso poderia ter sido evitado!

Uma das razões pelas quais continuamos a adoecer é porque a sociedade está viciada em alimentos cozinhados. Não podemos deixar de desejar o sabor da comida cozida. Quando o alimento é cozinhado, a composição genética do alimento fica comprometida; portanto, o valor nutricional fica comprometido. Deus mostrou-nos em Gênesis 1:29, que todas as coisas nos são fornecidas. Arshavir Ter-Hovannessian mostra-nos, através da sua própria história trágica e da sua investigação subsequente, que Deus é verdadeiramente omnipotente e que, seguindo o seu plano, teremos uma vida longa, livre de doenças.

A minha cópia original de "Raw-Eating" tem os cantos das páginas dobradas e está bastante esfarrapada. Ainda me refiro a ele com frequência em busca de inspiração e confirmação de que a dieta certa é a cura para todas as doenças. Durante anos tentei encontrar o Sr. Hovannessian para obter mais cópias de seu livro. Infelizmente, todas as tentativas foram infrutíferas. Porém, achei sua mensagem tão necessária que nós da Hallelujah Acres decidimos reimprimir este clássico.

Raw-Eating foi escrito há 40 anos. Imagine como seria o nosso mundo hoje se todos tivessem mudado seus hábitos viciosos naquela época. Encorajo você a ler este livro de capa a capa e a transmiti-lo a todos que você conhece. Espalhe a mensagem de que você não precisa ficar doente!

Rev. George Malkmus

PREFÁCIO À 2ª EDIÇÃO

A primeira parte do presente livro foi publicada em 1963 sob o título de RAW-Eating. Naquele pequeno volume, que continha um breve resumo das minhas concepções sobre nutrição, abordei quase todos os aspectos importantes da alimentação crua. De modo geral, não há necessidade de entrar em detalhes prolixos para declarar ao mundo a simples verdade de que as operações de cozinhar e refinar, por meio das quais os nutrientes naturais são degenerados em substâncias não naturais, não são apenas operações prejudiciais que violam as leis da natureza, mas são a principal causa de todas as doenças. A pessoa mais ignorante pode perceber claramente que, em vez de libertar as pessoas das doenças, a ciência médica que se baseia em alimentos cozidos e medicamentos venenosos leva a humanidade a uma infinidade de doenças graves, das quais todas as outras criaturas vivas estão imunes.

Depois de ler apenas algumas linhas sobre o assunto, a pessoa lúcida acorda de sua indiferença letárgica e percebe toda a gravidade da situação. A grande maioria das pessoas, contudo, cegadas pelos actuais conceitos errados da ciência médica e prejudicadas por uma série de ideias pré-concebidas, desejam obter mais informações sobre o assunto. É por isso que, na segunda parte deste livro, apresentei explicações adicionais e mais detalhadas sobre uma série de questões cruciais. Ao mesmo tempo, aproveitou-se a oportunidade para fazer diversas pequenas revisões e correções na primeira parte. Durante a primeira edição do livro, a ideia de comer cru ainda estava nos seus estágios rudimentares; hoje isso foi posto em prática em muitos países. Ao abandonar os alimentos cozinhados e os medicamentos venenosos, milhares de pessoas sensatas em todo o mundo curaram-se das suas doenças de longa data e são agora capazes de desfrutar de uma vida despreocupada, de saúde e felicidade. No final do livro apresento uma pequena seleção das numerosas cartas recebidas dessas pessoas.

Quando uma nova máquina ou instrumento é inventado, alguns testes bem sucedidos são considerados suficientes para confirmar ou provar essa invenção. Hoje, milhares de pessoas saudáveis em todo o mundo são provas vivas de que a alimentação crua salva a humanidade das garras implacáveis de todas as doenças da Terra. Poderíamos muito bem ter pensado que isto teria sido suficiente para despertar o mundo científico da sua apatia preguiçosa e convencer todos dos enormes benefícios que a alimentação crua traz para todos nós. Hoje, as pessoas que estão cegas pelos vícios organizam conferências internacionais para combater a suposta escassez mundial de alimentos e fazem discursos intermináveis sobre assuntos ridículos, enquanto 80 por cento dos verdadeiros alimentos que nos são dados pela natureza são destruídos impensadamente pelas próprias mãos, cozinhando e refinando.

Apelo a todos os verdadeiros humanitários para que levantem as suas vozes e, através das suas exigências contínuas, convidem as autoridades a tomar medidas imediatas para pôr em prática os princípios da alimentação crua. O momento é propício para a ação.

- Aterhov

Arshavir Ter-Hovannessian
O Profeta Esquecido

O vegano cru armênio Arshavir Ter-Hovannessian será um dia lembrado não apenas como o pai do movimento moderno de alimentos crus em todo o mundo, mas também como um dos maiores humanitários e ambientalistas que já existiram. Seu livro Raw Eating (publicado pela primeira vez em armênio em 1960) não será apenas considerado a bíblia do comer cru, mas também um dos maiores livros já escritos. Depois de despertar da alimentação crua, ele descobriu que a paixão e a missão de sua vida era espalhar esta verdade universal para todas as pessoas em todo o mundo. Com seu próprio dinheiro, ele imprimiu e distribuiu mais de 10.000 exemplares em todo o mundo gratuitamente. Ele achava imoral cobrar de alguém por um conhecimento tão simples e benéfico. Devido aos seus esforços, milhares e agora milhões de pessoas tiveram uma segunda oportunidade na vida, livres de doenças e enfermidades. Muito sobre sua vida é desconhecido e as partes conhecidas foram esquecidas. O seu trabalho também foi completamente plagiado por "gurus da saúde" oportunistas, como Stephen Arlin, David Wolfe, Fouad Dini, R.C.Dini e Ken Seaney no seu livro Natures First Law: The Raw-Food Diet. Aterhov (Arshavir Ter-Hovannessian) não recebeu nenhum crédito de nenhum desses autores desonestos e famintos por dinheiro. Ele fez muito pela humanidade e o mínimo que podemos fazer é lembrar, apreciar e honrar o seu trabalho. Aterhov é verdadeiramente um dos filantropos mais subestimados do nosso tempo e a sua filosofia sobre a alimentação crua está a começar a ressurgir porque a humanidade necessita desesperadamente de um modo de vida natural e saudável. A dieta de alimentos crus não é apenas extremamente benéfica para o nosso bem-estar físico, mental e espiritual, mas também é benéfica para todo o ambiente e para as economias de todas as nações do planeta. Este estilo de vida é a única forma verdadeira como fomos concebidos para viver e o resultado da conversão de nações inteiras para uma dieta de alimentos crus será, no mínimo, revolucionário. O próprio Aterhov acreditava que comer alimentos crus traria a "maior revolução do mundo", por isso vamos tentar não decepcioná-lo.

Agradeço ao Hallelujah Acres por republicar esta obra-prima em inglês e fiz este E-book para que todos possam divulgá-lo a qualquer pessoa que conheçam. Não deixe esta mensagem passar despercebida porque ela certamente pode mudar sua vida. Está a ocorrer uma transição para uma nova era, uma era de alimentação crua que nos libertará dos males e da degenerescência que a velhice da alimentação cozinhada nos impôs e inaugurará um futuro mais brilhante do que alguma vez podemos imaginar.

- Haik Nazaryan
haik@nazaryan.com
11 March, 2012 Glendale, California

PARTE UM
Como concebi a ideia de comer cru

Alimentos vegetais crus devem ser o único alimento ingerido pelo homem. O hábito de comer alimentos cozidos deveria ser abandonado neste mundo de uma vez por todas. Esta é a exigência infalível da natureza. O consumo de alimentos cozinhados é a barbárie mais terrível da história da humanidade, uma barbárie da qual ninguém parece ter consciência e da qual todos são vítimas inconscientes. Não importa quão estranha a ideia possa parecer para alguns, é a verdade absoluta com a qual não podemos deixar de concordar.

Esta verdade tornou-se evidente para mim quando, após 18 anos de estudo e investigação cuidadosos, fiquei convencido de que as mortes do meu filho de 10 anos e da minha filha de 14 anos foram causadas por nutrição não natural. O grande número de exames médicos realizados no Irão, em França, na Alemanha e na Suíça, em diversas tentativas para descobrir alguma doença específica nos seus organismos, e a subsequente administração de numerosos remédios, também tiveram uma participação considerável no agravamento da tragédia. Meus filhos morreram de emagrecimento gradual e definhamento de todos os seus órgãos, causado pela alimentação não natural e pelos medicamentos venenosos.

Pude penetrar nos segredos da ciência médica e observar os seus aspectos bons e maus com ainda mais clareza, porque não fui inspirado pela perspectiva de me tornar médico ou de obter quaisquer ganhos financeiros. O meu incentivo foi, em primeiro lugar, o desejo de fazer o melhor para a recuperação da saúde dos meus amados filhos e, posteriormente, o desejo ardente de perpetuar a sua memória, sendo útil à humanidade.

Um Outro fator contribuiu para a minha realização. Uma das deficiências da ciência médica é o sistema inteiramente novo pelo qual realizei meus estudos como,auto-didata, livre do ônus de um programa acadêmico. Nunca fiquei intoxicado pelas afirmações exageradas de progresso feitas em nome da ciência médica ou por todas as histórias fantasiosas sobre os fabulosos benefícios derivados dos medicamentos. Abordei estas questões com um espírito crítico e sempre coloquei maior ênfase nas suas deficiências. Além disso, tenho sempre presente que, apesar da existência de milhões de médicos qualificados e de um grande número de galardoados com o Prémio Nobel, o homem civilizado é vítima de diversas doenças com mais frequência do que qualquer outro animal, e doenças como a esclerose , a diabetes, os ataques cardíacos e o cancro aumentam a um ritmo alarmante, ameaçando exterminar a humanidade da face da terra. Não perdi tempo memorizando os sintomas das doenças, os nomes e as doses dos remédios e aquelas inúmeras fórmulas complicadas que raramente são necessárias, porque nunca tive a intenção de fazer exames e obter diplomas. Em vez disso, na medida do possível, dediquei meu tempo ao estudo de muitos ramos da ciência e ao exame das múltiplas fontes de conhecimento, de cujos princípios fundamentais e gerais pude extrair certas informações essenciais, conclusões vitais.

Os resultados de 18 anos de estudo e trabalho meticulosos foram incorporados numa obra de dois grandes volumes, o primeiro dos quais, um livro de 568 páginas, foi publicado em arménio em 1960.

A operação eficiente de cada fábrica está sujeita ao fornecimento uniforme de todas as matérias-primas especificadas pelo engenheiro

Até à descoberta do fogo, juntamente com o resto do reino animal, o homem desenvolveu-se e realizou a sua evolução através do consumo de alimentos naturais e crus. Mas desde a descoberta do fogo, sem muita reflexão, os homens colocaram alimentos naturais no fogo, destruíram os seus constituintes essenciais, degradaram-nos e depois alimentaram os seus corpos com eles. Como consequência direta, resultaram todas as doenças das quais toda a humanidade sofre hoje.

O organismo humano é a obra-prima da natureza. O homem é a fábrica viva mais complicada e mais perfeita construída pelos esforços incessantes da natureza durante um período de 1,5 mil milhões de anos. Simultaneamente, com a construção desta fábrica, a nossa maravilhosa natureza aproveitou os raios do sol para desenvolver todas as matérias-primas necessárias para coordenar as milhares de complicadas operações do nosso organismo e garantir a produção correspondente. Além disso, a natureza colocou essas matérias-primas em toda a sua perfeição e na harmonia impecável dos seus vários constituintes num minúsculo grão de milho, numa semente carnuda de uma romã, num fruto de uva ou numa folha de uma planta. . Cada um dos alimentos "insignificantes", tomados separadamente, contém todos os fatores necessários para manter vivo o organismo vivo de um ser como o homem.

No mundo material, o menor desvio dos detalhes desenvolvidos por um engenheiro para o bom funcionamento do mecanismo de uma fábrica, ou uma falha nas matérias-primas especificadas para garantir a sua produtividade normal, resulta em uma quebra correspondente na operação da planta. . Da mesma forma, a menor deterioração ou alteração nas matérias-primas prescritas pela natureza para garantir o bom funcionamento dos complicados processos do organismo humano provoca distúrbios nas funções biológicas normais dos nossos órgãos e esses distúrbios aparecem na forma de doenças.

Os vários métodos empregados pelo homem para destruir ou degenerar as matérias-primas totalmente equilibradas prescritas pela natureza para o funcionamento normal do seu organismo não merecem reflexão. Para esse propósito, o homem civilizado inventou fábricas, fornos, fornalhas e cozinhas demoníacas. Cada degeneração na qualidade dos alimentos naturais é seguida por uma degeneração correspondente no organismo humano. A nutrição natural assegura o funcionamento normal do nosso organismo, enquanto a nutrição não natural é seguida por um desempenho anormal das suas funções. A multiplicidade de doenças é resultado da grande diversidade de degeneração dos constituintes dos alimentos naturais.

Desde que todas as suas necessidades sejam satisfeitas pelas leis da natureza, o organismo humano, que é o organismo mais perfeito do reino animal, pode viver com excelente saúde desde um mínimo de 150 anos até um máximo de 200-250 anos. Os alimentos cozinhados forçam os órgãos humanos a funcionar várias vezes mais do que a sua capacidade normal, cansam-nos prematuramente, causam diversas doenças e encurtam a vida do homem para uma fracção do seu período normal. Na atual era de avanço científico, o homem poderia livrar-se de todas as doenças através da abstinência completa de alimentos cozidos e poderia então dedicar suas energias apenas ao estudo dos problemas da longevidade. Simultaneamente, com a nutrição natural, o homem também deve certificar-se de que o resto das suas necessidades naturais sejam satisfeitas. São eles: ar puro, dormir cedo, acordar cedo, trabalho físico, abstinência de aquecimento artificial, limpeza e assim por diante.

Doenças Nutricionais Diretas e Indiretas

As doenças nutricionais são divididas em duas categorias principais: doenças diretas e indiretas. As doenças nutricionais diretas são aquelas causadas pela superabundância de determinados constituintes nutricionais ou pela deficiência de outros. O fogo e os alimentos de origem animal têm o efeito de concentrar e aumentar as proteínas e as gorduras da dieta, ao mesmo tempo que eliminam substâncias de alto valor nutritivo. Até agora, a ciência conseguiu reconhecer apenas um número insignificante destas substâncias, que foram denominadas vitaminas e sem as quais a vida não pode existir. Entre as doenças nutricionais diretas devem ser colocadas todas as doenças crônicas e as carências. As doenças se desenvolvem com extrema lentidão e sigilo. Enquanto a doença não tiver entrado na fase final e os órgãos não pararem de funcionar, o indivíduo considera-se saudável. No caso de deficiências vitamínicas parciais e mistas, a doença não se manifesta pelos sintomas próprios da avitaminose, descritos nos livros didáticos; pelo contrário, surge através de queixas que não são fáceis de explicar.

As doenças digestivas indiretas são as doenças infecciosas. No organismo humano vive normalmente uma grande variedade de micróbios que, em circunstâncias normais, prestam serviços úteis ao organismo e que estão sujeitos ao controle de células humanas especializadas (diferenciadas), a cujos comandos se submetem obedientemente. Mas através de uma nutrição deficiente, as células degeneradas ficam tão enfraquecidas que, pela Lei da Sobrevivência, esses micróbios ganham vantagem, libertam-se do controlo dessas células, rebelam-se contra os seus mestres, tornam-se patogénicos e causam as doenças infecciosas tão bem conhecidads por tudos nós. Às vezes, o exército invasor de micróbios agressores, que teria encontrado oposição irresistível num organismo saudável e teria sido destruído imediatamente, não encontra tal oposição num organismo emaciado e causa a sua infecção específica.

No segundo volume do meu livro arménio, dediquei um espaço considerável ao problema das doenças infecciosas, para cujo exame analisei certas partes do primeiro volume do tratado sobre "Anatomia Patológica e Patogénese das Doenças Humanas" de o eminente cientista soviético I.V. Davydovsky, publicado em 1956. Por meio de numerosos fatos convincentes, o autor prova que não são os próprios micróbios os culpados de causar doenças infecciosas, mas o mau estado do corpo, o declínio do seu poder de imunidade. Mas, infelizmente, como todos os viciados em comida,* Davydovsky também não consegue explicar como podemos restaurar essa imunidade ou, melhor ainda, prevenir o seu declínio.

O medo dos micróbios assustou tanto os homens que, para escapar deles, recorrem às medidas mais perigosas e, no entanto, obtêm resultados totalmente opostos. Cozinhar alimentos crus para evitar micróbios é um dos erros mais fatídicos da ciência médica. Não podemos exterminar os micróbios da face da terra. Eles são encontrados em todos os lugares, sempre existirão e podem entrar em nossos organismos através de diversos canais. Em particular, ao cozinharmos os* nossos alimentos, primeiro enfraquecemos a resistência das nossas células e depois destruímos nos nossos alimentos os antibióticos naturais que são destinados pela natureza à luta contra os micróbios. Mesmo os médicos viciados em alimentos cozidos confirmam que muitas vitaminas, que são destruídas no fogo, têm propriedades bacterianas. É por isso que os animais que se alimentam de montes de lixo não estão tão sujeitos a doenças infecciosas como o homem.

**A célula cancerosa é a descendência
direta do alimento degenerado**

Muitos que comem alimentos cozidos tendem a acreditar que, visto que o homem se alimentou de alimentos cozidos durante séculos a fio, ele deve estar acostumado a isso e poderá agora sofrer se começar a comer alimentos crus de uma só vez. Por outras palavras, se abastecermos um automóvel com gasolina suja e de qualidade inferior durante um certo tempo, o motor pode ter-se habituado e pode ficar danificado se a gasolina suja for substituída por combustível limpo.

Em primeiro lugar, um período de alguns milhares de anos não é nada comparado com os 1,5 mil milhões de anos durante os quais, juntamente com os seus antepassados, o

---

Pelas expressões "viciado em comida" e "vício em comida" referimo-nos, naturalmente, ao consumo habitual de alimentos cozinhados.

homem viveu e se desenvolveu exclusivamente à base de alimentos crus. Além disso, que o homem não se habituou, de facto, à comida cozinhada é comprovado pela própria existência de doenças, que desaparecem [†]e o organismo volta às suas funções normais quando o homem recorre à alimentação crua.

É verdade que pelas leis da evolução o nosso organismo tenta adaptar-se aos alimentos que recebe, mas não da forma que alguns imaginam. Os constituintes nutritivos dos alimentos que são essenciais para os processos complicados e para as principais funções especializadas das células são facilmente destruídos sob a influência do fogo. Portanto, os alimentos considerados nutritivos pelos cozidos carecem desses constituintes essenciais, mas possuem um suprimento abundante de proteínas, gorduras e carboidratos, muitas vezes superior às demandas das células.

Sendo continuamente privadas dos constituintes nutritivos que são essenciais para o desempenho das suas funções superiores, as células ou não atingem o seu pleno desenvolvimento e especialização ou, uma vez atingidos, perdem mais tarde a faculdade de desempenhar essas funções. Após vários anos de privações e resistência, chega o dia em que um dos vários milhares de milhões de células, privadas das suas capacidades restantes, é finalmente libertado dos mecanismos que limitam o crescimento das células. Eles então se separam da vida comunitária, tornam-se autônomos e devoram avidamente aqueles materiais de construção de tecidos que nadam no fluido intercelular em grandes quantidades, tendo sido rejeitados pelas células normais como sendo muito superiores às suas necessidades, e que são orgulhosamente elogiados pelos biólogos gastrolátricos — as proteínas (especialmente as proteínas animais), as gorduras e todas as substâncias nitrogenadas. Depois disso, eles crescem a uma velocidade alarmante, desatentos e desafiadores, e se multiplicam de forma desordenada para formar uma massa terrível, uma nova criatura viva, que no decorrer do seu crescimento subjuga, destrói tudo ao seu redor e, finalmente, um belo dia derruba aquele edifício maravilhoso, o corpo humano. O nome dessa nova criatura é câncer. É o verdadeiro fruto da comida cozinhada, a prova viva de como as células se adaptam à estrutura dos alimentos que os homens consomem.

Quando a vida apareceu pela primeira vez em nosso planeta, a natureza tinha à sua disposição apenas os materiais de construção mais elementares (proteínas, gorduras e carboidratos), a partir dos quais conseguiu criar os primeiros organismos unicelulares. Assim como pela adição de um cilindro, de um aparelho ou de um pequeno detalhe um engenheiro acrescenta uma nova função à sua fábrica, ao adicionar posteriormente um novo constituinte aos seus materiais de construção (corpos vegetais), a natureza acrescenta uma nova função aos órgãos animais. Esta árdua tarefa manteve a natureza ocupada durante 1,5 mil milhões de anos, período durante o qual desenvolveu as suas matérias-primas desde uma bactéria comum até aos frutos que conhecemos hoje, e através da agência dessas matérias-primas vegetais, mas simultaneamente com a sua evolução, ela desenvolveu o organismo animal unicelular que criou numa maravilha aperfeiçoada como o homem, tal como o próprio homem desenvolveu a sua própria obra, a primeira máquina a vapor, num complicado reactor nuclear.

Infelizmente, após a descoberta do fogo, a evolução natural do homem parou e, o que é pior, está a retroceder a um ritmo gigantesco. O fogo e outros meios ridículos de degeneração inventados pelo homem civilizado destroem todas aquelas propriedades nutritivas superiores que foram armazenadas durante um período de um bilhão e meio de anos nos alimentos naturais e, conseqüentemente, nas células animais, e os devolvem ao seu tipo primitivo, mas com a maior diligência fornecem os materiais de construção mais comuns que servem para garantir o crescimento sem rumo dessas células. As células cancerígenas são verdadeiros espécimes dessas células primitivas. Para os biólogos míopes, os materiais de construção do corpo são as proteínas, nomeadamente as meras pedras e tijolos de uma estrutura muito comum. Não lhes interessam os diferentes tipos de argamassa e os numerosos detalhes indispensáveis à construção de uma fábrica complicada e que não existem num bife ou num churrasco.

No segundo volume do meu livro arménio, dediquei quase 300 páginas ao exame do problema da origem do cancro. Para tanto, revisei um importante tratado do famoso citologista americano E. V. Cowdry intitulado "Células cancerosas" (1955), que é o mais exaustivo dos vários estudos sobre o assunto e no qual estão coletados todos os estudos, dados, opiniões e conclusões que foram publicadas por vários cientistas renomados. Com base nos dados de pesquisa obtidos pelos próprios citologistas, provei conclusivamente que as células cancerígenas se originam de uma deficiência de constituintes nutritivos superiores e de uma superabundância daqueles materiais de construção comuns que estimulam o crescimento desordenado das células.

O vício em comida cozida é o mais perigoso de todos os vícios

O leitor poderá naturalmente perguntar-se por que razão nenhum dos numerosos cientistas e professores eminentes vê estas verdades simples e por que ninguém nos diz que o hábito de comer alimentos cozinhados não é natural e é perigoso. A razão é que toda a humanidade é viciada em comida e a dependência alimentar cegou toda a gente. Ninguém percebe que comer alimentos cozidos é um vício e que é de fato o mais terrível de todos os vícios. Não é um desejo por apenas um tipo de substância, mas a soma total dos desejos vorazes de alguém por milhares de substâncias (e que substâncias "maravilhosas", "desejáveis"!). Além disso, os comedores de cozinhados míopes vêem riqueza e excelência na multiplicidade das degradações a que estão sujeitos os alimentos, ao passo que é essa mesma multiplicidade de degradações que dá origem a uma multiplicidade de danos, cujo verdadeiro reflexo pode ser visto na grande variedade de doenças que prevalecem no mundo.

O homem torna-se viciado naquelas substâncias que contêm venenos, como chá, café, cacau, tabaco, álcool, ópio, cocaína, morfina, etc. O forte desejo por essas substâncias é estimulado pelos venenos correspondentes coletados no organismo humano. Os alimentos cozidos produzem uma grande variedade de venenos que, com o passar do tempo, ficam armazenados em diferentes partes do organismo, como nas paredes das veias e dos capilares, entre as articulações, no centro das células adiposas e em outros lugares. Assim como o desejo de heroína por um viciado em drogas não surge das necessidades fisiológicas normais de seu corpo, o desejo de quem come comida cozida, sua sensação de fome, não é a demanda normal de seu organismo; antes, é a exigência de seu vício. É a expressão de impulsos que são estimulados pelos venenos recolhidos no organismo humano; é a exigência das doenças aninhadas no corpo, o apelo do pior inimigo do homem.

Esse terrível vício é introduzido no corpo de cada ser humano pelos seus próprios pais, desde o berço. É por isso que no momento em que um bebê começa a notar e a falar, o vício alimentar já o domina firmemente e desde esse momento até ao fim da sua vida ele considera a comida cozinhada como a sua dieta normal e o seu forte desejo por isso como sua demanda fisiológica; é isso que ele confunde com a fome real.

A demanda por alimentos cozidos não é fome

Quando alguém que come alimentos cozidos tenta se alimentar exclusivamente de alimentos naturais, como mel, nozes, grãos, frutas e vegetais crus, e não tem mais apetite por nenhum tipo de alimento cru, as demandas naturais de seu organismo são naquele momento completamente suprimidas. conheceu e ele está saciado ao máximo. Mas, apesar disso, mesmo que já tenha ingerido várias vezes as suas necessidades diárias normais de alimentos, ainda se comporta como se não tivesse comido nada e sente uma grande procura por um prato de carne bem temperada, rica e apetitosa. Isso não é mais fome. É a irritação causada pelos venenos que foram armazenados no corpo e que agora exigem novos venenos. É o grito do demônio que ali jaz esparramado e exige novas ferramentas para despedaçar o organismo humano. O comedor de crus prudente e obstinado ouve esse grito com toda a sua veemência, dia após dia, mas o ignora com toda a sua alma e não faz a menor concessão.

Comer cozido força os órgãos humanos a trabalhar três a quatro vezes a sua capacidade normal

Todos os órgãos humanos possuem um estoque de energia de reserva natural. Normalmente trabalham com um quarto de sua capacidade potencial, guardando o restante de sua energia para uso posterior em uma emergência especial ou na velhice. Assim, em circunstâncias "normais", a pulsação do coração é de 70 a 72 batimentos por minuto (enquanto a de quem come carne crua é de apenas 58 a 62), que em circunstâncias excepcionais pode aumentar para mais de 200 batimentos por minuto. Novamente, durante a respiração normal, 500 c.c. de ar entra e sai dos pulmões, mas com um esforço respiratório especial podemos inspirar até 3.700 c.c.

Quem come carne crua utiliza seus órgãos digestivos com um quarto de sua capacidade potencial, e como resultado seus órgãos nunca ficam sobrecarregados ou fatigados. O comedor de cozido, por outro lado, depois de estimular o apetite por meio de reflexos condicionados, temperos irritantes, aperitivos e outros estimulantes absurdos, enche o estômago a tal ponto que os órgãos digestivos são forçados a acionar todas as suas energias de reserva. e mesmo assim eles são incapazes de lidar com a demanda que lhes é imposta. Diante disso, o homem é forçado a devolver o alimento repugnante pelo mesmo canal por onde o enviou ou a expulsá-lo de seus intestinos com purgantes. Surpreendentemente, tais atos nauseantes não são considerados estranhos por quem come comida cozida.

Pela sobrecarga dos órgãos digestivos, muitos órgãos acessórios também são colocados em funcionamento, como o coração, o fígado e os rins. O trabalho adicional realizado por esses órgãos logo tem o efeito de cansá-los e colocá-los fora de ação prematuramente. Não é surpreendente, portanto, que como resultado a vida de uma pessoa seja encurtada várias vezes. Alimentando-se de substâncias inúteis, nocivas e venenosas, o viciado em comida satisfaz suas paixões, paralisa a ação de seu estômago e cria para si a ilusão de estar satisfeito, enquanto suas células estão, na realidade, gemendo de fome por falta de nutrientes essenciais. . O estômago de quem come cru está sempre em repouso, embora geralmente esteja vazio, mas seu corpo está de fato cheio e satisfeito no verdadeiro sentido da palavra.

Quando alguém que come alimentos cozidos decide passar a comer alimentos crus, a princípio ele nunca se sente satisfeito, não importa o quanto coma. Geralmente, em vez de se sentirem felizes, os viciados em comida ficam descontentes com essa condição. Na sua opinião, a razão da sua fome contínua reside no facto de os alimentos que consomem serem de baixo valor nutritivo e inúteis como alimento. Este é um equívoco terrível. Pelo contrário, esses alimentos são nutritivos e totalmente equilibrados. As células humanas sofreram durante anos com a sua ausência. As capacidades dos órgãos digestivos humanos correspondem plenamente à sua composição e à disposição dos seus constituintes. É por isso que o estômago acolhe com alegria esses alimentos, amolece-os rapidamente e passa-os para os intestinos sem muita demora, enquanto as células, por sua vez, amaciadas e enfraquecidas como estão pela fome, absorvem avidamente essas substâncias valiosas e exigem repetidamente mais e mais deles.

As células doentes são curadas, as emaciadas recuperam, as inativas recuperam a vitalidade. As células de gordura, por outro lado, começam a derreter devido à fome, os acúmulos de venenos desaparecem gradualmente e a água supérflua sai do corpo. Então, células normais e ativas substituem aquelas células preguiçosas que foram engordadas pela indolência e pela inação. A rápida perda de peso corporal é um sinal claro de saúde e vigor recuperados.

Este fato deveria encher o coração de um homem de alegria e felicidade. Pois esses nutrientes se espalham imediatamente por todo o seu corpo e lhe conferem saúde, força, vigor e energia. É a primeira vez em sua vida que, embora todos os seus órgãos e glândulas obtenham um copioso suprimento de nutrição, eles são capazes de trabalhar com conforto e facilidade. Mesmo que nesse dia ele ingira uma quantidade de alimentos crus maior do que o seu organismo necessita, ou que seus intestinos e células sejam capazes de absorver, seu estômago não recusará, nem gerará nele uma sensação de náusea, fazendo-o sentir-se mal. expulsá-lo com violência e força. Os alimentos que excedem suas necessidades normais não permanecerão no estômago para causar putrefação; eles não serão transformados em venenos nem causarão distúrbios digestivos. Em vez disso, sem serem digeridos, passarão imediatamente do estômago para os intestinos e sairão do corpo com as fezes naquele mesmo dia, sem causar o menor dano ao organismo. Assim, seu estômago estará sempre leve, enquanto seus intestinos e seu sangue estarão carregados de nutrientes totalmente equilibrados.

Então, nesse momento, deixe-o tentar comer alguns pedaços de comida cozida. Seu estômago recusará indignadamente essas substâncias estranhas e indesejáveis. Apesar do extremo prazer que seu paladar sente, esses pedaços permanecerão em seu estômago por muito tempo, funcionarão como uma rolha para fechar seu apetite e paralisarão o curso normal de suas atividades digestivas. Mas quem come comida cozida fica bastante contente e feliz com essa condição, porque satisfez suas paixões, encheu o estômago e agora está "cheio". O homem que percebe o valor de comer alimentos crus teme essa condição. Ele compreende perfeitamente que são os nutrientes vegetais crus que nutrem o corpo, enquanto os cadáveres que saem do fogo são meros combustíveis e fontes de vários venenos e doenças.

A alimentação humana deve consistir em células vivas e não em cadáveres de células mortas

Alimentos totalmente balanceados consistem em células vivas. Ora, os corpos vegetais, depois de saírem da terra, permanecem vivos por muito tempo. Um botão de rosa continua a florescer num vaso, enquanto os grãos brotam ao serem plantados anos depois de serem colhidos. Mas as células dos animais que são mortos ou as do leite que é retirado de seus corpos morrem imediatamente, e então começam a se desintegrar e a se transformar em venenos, enquanto o cozimento as transforma em algo realmente terrível. Considerar as proteínas animais superiores às proteínas vegetais é um lamentável erro de julgamento, uma prova manifesta da miopia dos biólogos adoradores da carne. Se admitirmos que o organismo animal transfere proteínas vegetais e as transforma em nutrientes totalmente balanceados, então a carne de animais como raposas, lobos, cães, gatos e tigres que se alimentam de tais proteínas "totalmente balanceadas" deveria ser do tipo maior valor nutritivo; ao passo que o caráter venenoso da carne de tais animais é tão óbvio que mesmo o mais dedicado viciado em carne não ousa alimentar-se dela.

Os biólogos que, pela sua predileção pessoal, são instados a procurar vantagens especiais na carne, ao descobrirem os chamados aminoácidos insubstituíveis, não levaram em consideração o facto de esses aminoácidos serem formados a partir das gramíneas mais comuns consumidas pelos animais. a ciência tem o organismo de uma vaca a capacidade de produzir aminoácidos a partir das ervas daninhas e gramíneas mais cruéis, mas o organismo de um homem não tem os meios para preparar os mesmos compostos a partir de alimentos vegetais da mais alta qualidade nutritiva? Como milhões de budistas vivem na ausência dos aminoácidos fornecidos pela carne?

A miopia é o maior defeito da ciência médica

O maior erro dos biólogos viciados em comida cozida é a miopia. Fecham os olhos aos danos que parecem pequenos e não prevêem as graves consequências que, mais cedo ou mais tarde, resultam de causas aparentemente insignificantes. Ilustremos nossa afirmação com alguns exemplos. As refeições cozinhadas, especialmente os pratos de carne, estão cheios de venenos. Agora, ninguém dá atenção ao envenenamento crônico que ocorre de forma imperceptível o tempo todo e mesmo quando, como resultado desse envenenamento, o fígado, o coração ou os rins são danificados com o tempo, a condição é atribuída a causas desconhecidas. Quando a intoxicação é ainda mais grave e acompanhada de diarreia e vômito, é considerada um distúrbio gástrico. Por envenenamento entendem apenas aquela condição que afeta todo o organismo e ameaça a vítima com a morte imediata. Quantas vidas inocentes são sacrificadas desta forma!

Os homens não veem a sujeira que entra em suas artérias e veias através dos alimentos todos os dias, e quando ela se deposita camada após camada nas paredes dos vasos, estreita suas passagens e de repente interrompe a circulação do sangue um dia, brevemente. As pessoas míopes consideram a ocorrência como "inesperada".

Os homens não percebem a terrível pressão exercida pelas fortes enchentes que correm em direção a uma gigantesca barragem com capacidade para milhões de toneladas. Mas quando aquela barragem, que vacilou durante muito tempo sob o impacto daquelas cheias, finalmente ruiu, a causa da sua ruptura final foi atribuída à pedra que lhe foi acidentalmente atirada por uma criança. Já vimos a concepção correta que quem come carne crua tem sobre as causas do câncer. Contra isso, os 400 "agentes cancerígenos" que nos são apresentados pelos cientistas pesquisadores, viciados em alimentos cozidos, entre os quais estão itens como irritações mecânicas e queimaduras de cigarro, não têm maior valor do que a pedra atirada pela criança.

Cada órgão tem milhões de células, pelo trabalho concertado com que o trabalho desse órgão é realizado. Quando a nutrição imposta a essas células carece de certos constituintes essenciais, as células começam a perder a vitalidade e a cair em desuso. As reservas de energia entram agora em campo, mas também se esgotam rapidamente. Enquanto o órgão exercer suas funções de uma forma ou de outra, as pessoas míopes não verão a luz vermelha; mas quando finalmente fica para trás em suas atividades, dizem que tal órgão está doente e recorrem a medicamentos. Mas será possível que um pequeno comprimido ou uma dose de veneno possa algum dia substituir os constituintes nutritivos dos alimentos que foram queimados no fogo durante anos a fio e devolver às células deficientes a capacidade perdida para o trabalho especializado?

Depois de permanecerem dias no canal alimentar, massas de carne, ovos, manteiga e queijo apodrecem e causam inflamação dos intestinos, cujo sintoma mais comum é a diarreia. Mas quando uma criança realmente apresenta sinais de diarreia, toda a culpa recai sobre algumas cascas de frutas vistas nas fezes. Ninguém pergunta como as cascas das frutas podem causar qualquer inflamação nos intestinos da criança quando, sem sofrer qualquer putrefação ou decomposição, deixam o corpo inalteradas poucas horas após sua entrada. Toda a tragédia surge do facto de as pessoas considerarem os ovos, a carne, a manteiga e o queijo como alimentos normais e essenciais, mas as frutas como algo secundário, que pode ser consumido ou não consumido. Às vezes, considera-se até necessário proibir as crianças de comer frutas para "não perturbar o estômago".

O peso de um consumidor de comida cozida, não pode ser considerado um critério de boa saúde.
A obesidade é uma doença muito perigosa

Enquanto o organismo humano ainda for capaz de resistir a uma dieta não natural e de continuar a sua luta contra ela, surgirão várias queixas, tais como perda de apetite, indigestão, gastrite e outros distúrbios estomacais, colite, e assim por diante. Tudo isso é a expressão externa da luta do organismo para usar todos os meios à sua disposição para neutralizar os efeitos nocivos de uma dieta não natural e para expulsar do corpo as substâncias venenosas por ela produzidas. O paciente começa a perder peso e depois tentam fortalecê-lo dando-lhe refeições "nutritivas". No dia em que o organismo for finalmente derrotado e a sua luta cessar, o homem ou se despede deste mundo ou, pelo contrário, o seu apetite aumenta e ele começa a comer insaciavelmente, a digerir bem, a engordar, "a recuperar a saúde". e força." Por outras palavras, nesse dia o organismo humano, abandonando a sua luta, "adapta-se" à dieta antinatural e são lançadas as bases de uma das mais perigosas doenças humanas – a corpulência antinatural.

Subjugado pela pressão de dietas não naturais, o corpo é forçado a acomodar-se e a admitir no organismo acumulações de diversas substâncias nocivas produzidas por tais dietas. Formam-se então depósitos de gorduras, ácido úrico e seus derivados, colesterina, sal comum, excesso de líquidos, cálculos, formações cirrosas, tumores, células inativas e parasitárias, células gigantes multinucleadas (policariócitos), células com núcleos superdimensionados (megacariócitos), etc. Às vezes, essas células atingem centenas de vezes o tamanho das células normais, mas não têm a capacidade de realizar qualquer trabalho útil.

Todas essas monstruosidades se acumulam no corpo para criar no homem a ilusão de saúde e força, enquanto na realidade ele sofre de emagrecimento gradual. Seus músculos tornam-se finos e fracos, o número de células especializadas e ativas diminui e seus órgãos são definhados. Aqueles homens "robustos", "robustos", com barrigas salientes, braços grossos e gordos, mãos rechonchudas e camadas salientes de gordura, dos quais abunda o nosso mundo, são, na realidade, esqueletos cobertos de pele. Cada um deles carregou seus músculos fracos e emaciados com uma ovelha gorda, que ele alimenta gratuitamente e carrega consigo para todo lugar. Mas, é estranho dizer, tais pessoas vangloriam-se continuamente da sua saúde, vigor e força. Eles estão tão orgulhosos de sua robustez que, sempre que uma referência a ela é feita em uma conversa, eles tocam na madeira ou, no Oriente, gritam "Mashallah" ("O que Deus quiser"), para não perderem um grão de seu precioso peso. . Pode-se encher uma dúzia de volumes com exemplos dessa deplorável miopia.

Nenhum medicamento pode substituir as matérias-primas destruídas no fogo

Todos os medicamentos de uso geral são sintomáticos. Ou seja, servem como paliativos para dar alívio temporário ao paciente ou para ocultar os sintomas da doença. Em nenhum caso eles podem substituir os nutrientes brutos destruídos nas panelas e frigideiras. Muitos grandes cientistas proíbem estritamente o uso de drogas. Na Inglaterra, depois de uma pesquisa meticulosa que se estendeu por um período de quatro anos e meio em uma grande parte das camadas abastadas do povo inglês, os biólogos de Peckham chegaram à conclusão de que apenas nove por cento da população desfrutava de boa saúde; os restantes 91 por cento das pessoas estavam doentes, embora a maioria delas não tivesse conhecimento da sua doença. Após os tratamentos clínicos, a conclusão foi que quase sem exceção todos os distúrbios selecionados para terapia responderam ao tratamento, mas que posteriormente foi observada uma deterioração acentuada na saúde geral dos pacientes. Isto significa que os medicamentos apenas ocultam os sintomas de uma doença, enquanto o dano que causam é adicionado ao organismo já enfraquecido para piorar ainda mais a sua condição. Portanto, quem deseja não adoecer ou, se já adoeceu, recuperar a saúde, não deve depositar esperanças nas drogas; em vez disso, ele deve abster-se de consumir alimentos e drogas não naturais e deve viver de acordo com as leis da natureza comendo alimentos crus!

Este é o caminho verdadeiro, seguro e científico, enquanto a terapia medicamentosa é, para citar Bircher-Benner, apenas "engano e trapaça". Na minha opinião, pode ser mais apropriadamente chamado de ilusão e autoengano. Nietzsche chamou as drogas de "chicotes do chicote". Os médicos podem facilmente convencer-se da veracidade das minhas afirmações dividindo os seus pacientes hospitalares em dois grupos iguais, tratando um dos grupos através de medicamentos e alimentos cozinhados, o outro através de uma dieta puramente crua, e depois comparando os dois resultados. um com o outro. Este é o teste básico e decisivo, caso contrário todos os argumentos contra o consumo de alimentos crus continuarão a não ter o menor valor ou valor. Ilustremos nossas afirmações com alguns exemplos de terapia medicamentosa sintomática.

A dor é o sinal de alerta de que o corpo está em perigo, o grito do nosso organismo por socorro. Mas em vez de eliminar este perigo, amortecemos os nervos que transmitem a sensação deste perigo ao nosso cérebro e silenciamos a sua voz com uma dose de veneno. Entretanto, a doença segue o seu curso inevitável, agravado agora pelos efeitos nocivos dos medicamentos. Para dar outro exemplo: quando as passagens das nossas artérias ficam estreitas por estarem cheias de impurezas, o coração tem que usar uma força maior para fazer o sangue circular pelo corpo e, como resultado, a pressão arterial aumenta. Mas em vez de limpar os nossos vasos sanguíneos dessas impurezas, apenas usamos venenos para estimular os nervos que são capazes de esticar e alargar as suas passagens. Enquanto durar a eficácia do veneno, o sangue fluirá mais livremente pelos vasos e a pressão cairá temporariamente. Porém, assim que passa o seu efeito, os vasos voltam ao estado anterior, ainda mais enfraquecidos pela ação dos medicamentos utilizados.

Não existe medicamento que não tenha efeito colateral nocivo ao organismo. Mas só recentemente apareceu um pequeno número de publicações tratando deste assunto, uma das quais, "Reactions with Drug Therapy" (1955), do Dr. Harry L. Alexander, Professor Emérito de Medicina Clínica, Washington University Medical School , nos fornece muitas informações úteis. É claro que, geralmente, os medicamentos são considerados responsáveis apenas pelas complicações e reações que matam imediatamente a vítima ou aparecem na forma de doenças graves. Mesmo assim, apenas uma em cada mil dessas complicações é realmente registada; o resto permanece no esquecimento eterno.

Está comprovado que cada uma das 350 mil substâncias utilizadas no preparo de medicamentos é capaz de causar complicações. Mas entre eles os mais perigosos são a penicilina, aureomicina, estreptomicina, compostos de mercúrio, medicamentos do grupo sulfonamida, digitálicos, vacinas, soros, vitaminas sintéticas (tiamina, niacina, etc.), atofano, cortisona, extrato de fígado, insulina, adrenalina e muitos outras drogas de uso comum.

É importante dar a esta questão a consideração mais cuidadosa. As vitaminas sintéticas e os extratos orgânicos, pelos quais as pessoas desejam repor os constituintes nutritivos e seus produtos queimados na cozinha, matam uma pessoa na velocidade da luz, muitas vezes cinco minutos após sua entrada no corpo. Em 1951, 324 milhões, e em 1952, 350 milhões de gramas só de penicilina foram injetados no sangue humano para substituir os antibióticos naturais queimados na cozinha.

Após a sua introdução no corpo humano, as drogas matam milhares de pessoas, por vezes dentro de cinco a dez minutos, através de anafilaxia, enquanto dezenas de milhares de outras são sujeitas a uma infinidade de doenças, das quais podemos mencionar urticária, dermatite, espinhoso calor, eczema, púrpura, asma brônquica, poliarterite, cirrose hepática, icterícia, nefrite, nefrose, anemia aplástica, doença do soro e sarna.

As pessoas desejam fechar os olhos à responsabilidade dessas drogas na causa destas mortes e doenças, e colocar a culpa na supersensibilidade do corpo. Mas quanto ao que causa essa supersensibilidade, eles ignoram a questão.

Os meus pobres filhos costumavam ser afectados por tais doenças e doenças de pele várias vezes por ano. Tentávamos sempre procurar o defeito na comida que comiam, enquanto os médicos que davam maços de receitas nunca diziam uma palavra sobre os perigos dos medicamentos que receitavam. Tal como milhões de outras pessoas, acreditávamos que os medicamentos serviam apenas para curar as pessoas e não para as deixar doentes. Certa vez, meus dois filhos ficaram com icterícia no mesmo dia. Ficamos surpresos, pois sabíamos que a icterícia não era uma doença infecciosa que afetasse os dois juntos. Hoje, não há nada que eu possa fazer para aliviar as dores da minha consciência, a não ser alertar outros pais sobre tais perigos.

Hoje em dia é triste observar como as drogas mais perigosas são popularizadas com a ajuda de canções doces e imagens atraentes como coisas benéficas que podem ser tomadas todos os dias. Na verdade, em certos países, a medicina e a farmácia transformaram-se em enormes preocupações de comercialismo e de especulação.

A alimentação crua porá imediatamente fim ao uso de todos os tipos de drogas, pois na ausência de doenças naturalmente não haverá necessidade de drogas. As doenças são produtos da degeneração dos alimentos; só podem ser conquistados, portanto, pela correção da nossa alimentação. Todas as nossas tentativas de vencer doenças por meio de drogas são experiências extremamente perigosas e sem sentido que estão fadadas ao fracasso. As suas consequências deploráveis já nos confrontam.

Novos tipos de doenças aparecem continuamente; doenças leves dão lugar a distúrbios mais graves. Como resultado, os homens preparam continuamente novos tipos de soros e vacinas, descobrem antibióticos cada vez mais fortes e gradualmente envolvem-se num labirinto de erros, complicações e desastres.

Uma mudança básica e sem precedentes deve ser feita no campo da ciência médica. Todos os médicos honestos e de espírito público devem levantar-se imediatamente e tomar medidas activas para evitar a destruição da matéria-prima integral destinada à fábrica humana.

Na opinião dos míopes, comer cru equivale a um retorno à vida primitiva do homem pré-histórico. Na verdade, não há maior desgraça para a civilização do que as operações de cozinhar e refinar. O comedor de carne crua apenas renuncia às misérias causadas pelas chamadas doenças da civilização e recusa-se a transformar o progresso técnico que lhe foi concedido pela civilização num meio de destruir a pureza das matérias-primas humanas. Caso contrário, ele não abre mão da comodidade de falar por telefone, viajar de avião ou guardar suas frutas

fresco em sua geladeira.

Durante séculos os homens foram tão cegos e ignorantes que sempre consideraram o consumo de

refeições cozinhadas como uma operação natural. E agora, quando pela primeira vez ouvem falar de comer cru, consideram-no algo estranho e curioso, quando na realidade é precisamente a degeneração dos alimentos naturais através da cozedura que é mais antinatural, estranha e curiosa, e que deve ficar registrado na história como a maior loucura cometida pelo Homo sapiens.

A alimentação cozida e a terapia medicamentosa estão levando a raça humana à aniquilação total

Muitas espécies de animais mamutes já habitaram esta Terra e depois foram completamente extintas devido a condições ambientais adversas. Hoje em dia, é com as próprias mãos que o homem cria condições tão adversas que um dia o extirparão da face da terra. Paralelamente ao processo de degeneração dos alimentos, aumenta a variedade e a frequência de diversas doenças. Antes de passarem muitas gerações, as pessoas morrerão de doenças cardiovasculares ou de cancro antes de atingirem a idade da puberdade e terem a oportunidade de desenvolver as suas faculdades procriativas. Com base na velocidade alarmante a que essas doenças aumentaram durante as últimas décadas, é fácil prever que, se os homens ainda persistirem na sua loucura, esse dia fatídico poderá não estar longe.

O cientista que aponta os benefícios da alimentação cozida e da terapia medicamentosa é como o comerciante que, à beira da falência, fica feliz contando seus centavos, enquanto fecha os olhos para os milhões de perdas que o encaram. O resultado final de cada negócio deve ser julgado pelo seu balanço final. Vejamos quais benefícios e vantagens o homem civilizado foi capaz de adquirir para si mesmo com suas descobertas na culinária e na medicina, em comparação com aqueles desfrutados pelas miríades de diferentes animais. Nada, exceto o fato de que embora ele seja o ser mais perfeito desta terra, ele está mais sujeito a diversas doenças do que qualquer outra criatura de Deus.

Após a descoberta das vitaminas, o homem deveria ter tido a sagacidade de perceber imediatamente que, através do cozimento, ele destrói nos alimentos naturais aqueles mesmos constituintes cuja ausência acelera o seu fim. Deveria ter acabado de uma vez por todas com esse desperdício e deveria ter salvaguardado a imunidade dos géneros alimentícios naturais contra a degeneração. Mas o encanto da comida cozinhada é tão grande que frustra todas as tentativas de reforma. O vício conquista a ciência e a leva em suas garras. Entretanto, ainda apegados aos alimentos cozinhados, os homens tentam penetrar nos segredos dos alimentos, reconhecer os constituintes que são destruídos na cozedura e no processamento e depois substituí-los por substâncias sintéticas. Não é tolice queimar e destruir esses constituintes essenciais pelas próprias mãos, ficar doente, ficar à beira da sepultura e depois fazer tentativas desesperadas de salvar-se por meios enganosos? Devemos ter presente que esses constituintes não se limitam às 40 e 50 vitaminas reconhecidas pelos biólogos. São tantos que não será possível formar uma imagem precisa de suas propriedades qualitativas e quantitativas nos próximos milhares de anos. Suponhamos por um momento que um dia os cientistas consigam reconhecer todas as suas variedades. Então, para substituir por meios artificiais os constituintes eliminados apenas do trigo, serão necessárias milhares de receitas e preparações para cada indivíduo, para não falar dos custos proibitivos envolvidos.

Pelas pesquisas realizadas sobre variedades distintas de frutas, vegetais e grãos, os próprios biólogos viciados em alimentos provam que os alimentos naturais possuem a propriedade de curar quase todo tipo de doença. Mas as pessoas não querem admitir que o organismo humano permanecerá livre dessas doenças se for alimentado exclusivamente com alimentos naturais desde a infância. Desde o início, a simples ideia de se abster de alimentos cozinhados priva-os da capacidade de pensar com clareza, e então a ciência cede o seu lugar ao vício.

Os alimentos naturais não devem ser utilizados pelos médicos como meios terapêuticos meramente temporários. Devem ser declaradas como a única dieta adequada ao ser humano

Muitos médicos progressistas condenam a terapia medicamentosa. Alguns deles ficam tão decepcionados com os resultados ineficazes obtidos com o tratamento medicamentoso que abandonam a prática médica e se dedicam ao estudo dos problemas fundamentais da profilaxia. Entre eles está o famoso médico suíço Bircher-Benner, de cujos estudos alemães introduzi diversas traduções curtas no meu livro arménio. No início de sua carreira médica, Bircher Benner ficou tão desiludido com os métodos terapêuticos atuais que, quando tomou conhecimento dos valores nutritivos dos alimentos naturais, começou a curar seus pacientes com a ajuda da nutrição natural, sem qualquer drogas. Muito em breve, um grande número de pacientes, que tinham sido tratados sem sucesso por vários médicos em todo o mundo, sem quaisquer resultados, foram para o seu sanatório em Zurique e em muito pouco tempo obtiveram a cura completa através de uma dieta vegetariana estritamente crua.

Mas Bircher-Benner considerava os alimentos crus um "meio terapêutico", e não a única dieta adequada ao homem. Como se os homens fossem obrigados a alimentar-se de alimentos não naturais desde a infância e depois, depois de adoecerem, fossem curados pela "dieta terapêutica" na idade avançada. Mas este aparente paradoxo tinha razões definidas. Em primeiro lugar, não há ninguém no mundo, nem mesmo o maior especialista em nutrição crua, Bircher-Benner, que perceba que concidere comer alimentos cozinhados é um vício e que o desejo que as pessoas sentem por alimentos cozinhados não é nem fome nem a procura biológica das suas células, por alimentos cozinhados.

Então, como médico, Bircher-Benner foi treinado para curar doenças existentes. Ninguém lhe teria pago quaisquer honorários, nem mesmo o levado a sério, se ele tivesse defendido publicamente um sistema de nutrição que teria mantido a humanidade livre de todas as doenças.

Actualmente existem duas visões opostas sobre nutrição. Um deles defende a alimentação crua, o outro prefere alimentos cozidos; um deles defende o vegetarianismo, o outro prefere uma dieta animal. Agora, a ciência não é política. O homem que tem um ponto de vista errado não tem o direito de impor as suas opiniões erradas e prejudiciais a crianças inocentes. É uma exigência imperativa dos nossos tempos que esses dois pontos de vista sejam examinados nos círculos científicos e culturais internacionais, para que aquele que está errado possa ser condenado, enquanto o verdadeiro possa ser anunciado ao público e colocado em prática geral.

À primeira vista, as pessoas simplórias que não desejam penetrar na profundidade do problema pensam que o ideal de comer cru não é algo que possa ser realizado rapidamente e que os homens não estarão demasiado dispostos a abandonar as suas raízes profundamente enraizadas. hábitos. Mas esta é a voz do vício, não da ciência. A ciência, porém, deve ser separada do vício. Devemos primeiro admitir que os alimentos crus são as matérias-primas reais e completas adequadas ao organismo humano, e depois deixar que aqueles que desejam degenerar as matérias-primas de si próprios e dos seus filhos o façam à vontade.

Em primeiro lugar, devemos aproveitar a experiência adquirida com a alimentação crua para corrigir imediatamente as falsas noções prevalecentes na ciência da nutrição, segundo as quais os alimentos mais essenciais são considerados prejudiciais, enquanto os realmente prejudiciais são recomendados como saudável. Deve-se compreender claramente que, sem qualquer exceção, em todos os casos em que os alimentos crus são proibidos aos fracos, aos doentes, aos que sofrem de distúrbios estomacais e outras doenças, são precisamente esses alimentos proibidos que curariam, sustentariam e fortaleceriam os pacientes. .

Nesses casos não se trata mais de abandonar um mau hábito. Pelo contrário, o paciente agora pede fruta, mas nós recusamos; ele fica enjoado de comida cozida, mas nós o convencemos a comer um pouco mais; arrancamos a fruta da mão de uma criança e forçamos um pouco de comida cozida goela abaixo. Por outras palavras, aceleramos os seus fins, obrigando-os a comer os mesmos alimentos que foram a causa da sua doença e incapacidade. Só a correcção de mal-entendidos deste tipo reduzirá o número de mortes prematuras em 50 por cento.

Para nos convencermos da veracidade destas afirmações, não há outro meio senão pôr em prática a alimentação crua durante alguns meses, e esta experiência deve ser tentada por qualquer pessoa sensata. É desta forma que se porá um fim definitivo aos actuais pontos de vista erróneos e contraditórios sobre nutrição.

À luz da alimentação crua, os princípios básicos da nutrição já não permanecem confinados às universidades e aos institutos de investigação; em vez disso, tornam-se assuntos de importância primordial para toda a humanidade. Para o cidadão comum, os nomes científicos de milhares de alimentos, suas fórmulas complicadas e as longas e cansativas descrições de suas propriedades nutritivas e supostos benefícios podem ser resumidos em apenas três palavras: ALIMENTO VEGETAL CRU, ou matéria-prima completa para a fábrica humana.

Assim, comer cru torna-se um ideal à parte da ciência da medicina, um ideal que é explicável não por fórmulas científicas, mas pela lógica, sendo as suas provas as leis irrefutáveis da natureza e os resultados básicos obtidos a partir da experiência básica.

Nunca devemos perturbar a integridade das matérias-primas humanas

O corpo humano é a fábrica mais perfeita e ao mesmo tempo mais complicada do mundo. Pode ser ainda mais apropriadamente considerado como um enorme mundo de fábricas e sistemas, no sentido de que cada célula tomada separadamente é em si uma fábrica complicada que, por sua vez, consiste em numerosas outras fábricas. Até o presente, os cientistas conseguiram descobrir até dez mil partes em cada célula. Cada glândula ou órgão é composto por bilhões dessas células, e é a partir da combinação dessas glândulas, órgãos, sistemas, esqueleto e pele que o corpo humano é formado.

Para que possam desempenhar adequadamente as suas funções, estas fábricas e sistemas altamente complicados devem ser dotados de matérias-primas contendo dezenas de milhares de substâncias diferentes, cada uma das quais tem o seu dever especial de desempenhar na organização geral do organismo humano. Todas essas substâncias são construídas com a ajuda da luz solar e estão concentradas nos corpos vegetais. Por exemplo, uma semente, uma folha ou um grão de milho contém em si todos os constituintes nutritivos essenciais ao organismo animal. Ora, embora esses constituintes difiram nas diversas plantas quanto à sua composição e disposição, isso não importa muito, pois após a sua introdução no organismo são decompostos e sintetizados novamente, processo durante o qual uma substância é transformada em outra substância. Assim, o organismo é capaz de alterar as quantidades dos vários constituintes de acordo com as suas necessidades, mas na ausência de um determinado elemento químico não pode trazer aquele elemento que falta para dentro do organismo ou substituí-lo por outro elemento.

Por exemplo, não foi possível descobrir em laboratório quaisquer concentrações maciças de cálcio, vitaminas ou proteínas no trevo, mas é a partir do trevo e de gramíneas ainda mais comuns que os animais extraem todas as suas vitaminas e sais minerais e constroem os seus ossos maciços. , carne e gordura. Por outras palavras, em vez do leite, da manteiga, do queijo, do cérebro, do fígado e da carne que os míopes recomendam como fontes de cálcio, fósforo, vitaminas e proteínas "totalmente equilibradas", o trevo por si só pode ser recomendado, pois é do trevo que se originam todas essas substâncias. Portanto, é completamente sem sentido, inútil e até prejudicial afirmar que tal ou tal alimento é rico em determinada vitamina, enquanto outro é abundante em determinado mineral, porque, além de enganar e confundir as pessoas, tais afirmações não servem qualquer propósito útil.

As principais funções dos constituintes nutritivos no organismo são três. Em primeiro lugar, servem como material de construção para a construção e renovação de células; em seguida, produzem a energia necessária para movimentar essas células e aquecer o corpo e, por último, fornecem às células especializadas as matérias-primas necessárias às suas atividades produtivas.

É imprescindível que cuidemos do nosso organismo com o mesmo cuidado que um fabricante cuida da sua fábrica. Conseqüentemente, para a operação das três funções anteriores, devemos fornecer aos nossos corpos todos os constituintes nutritivos necessários como um todo integral e nas mesmas proporções equilibradas que a natureza nos apresenta. Caso contrário, caso haja deficiência em algum dos constituintes, este facto terá inevitavelmente um efeito adverso na construção e funcionamento do organismo.

Mas como o homem civilizado de hoje trata o seu próprio corpo? Ele dissipa, queima, mata e perturba a integridade de suas matérias-primas e então enche seu estômago ao acaso com os cadáveres mortos e venenosos de apenas algumas das milhares de substâncias nutritivas. Desta forma, o consumo de um determinado constituinte pode exceder centenas de vezes as necessidades normais do seu organismo, com uma correspondente deficiência na ingestão de algum outro constituinte.

Da carne cozida, do pão branco, do macarrão, do arroz, dos doces, da manteiga clarificada e da margarina, produzem-se células incapazes, parasitas, de estrutura bastante simples, sob cujo peso se curva o viciado em comida. Os cientistas investigadores podem facilmente provar que há 50, 100 ou 200 anos as indisposições humanas eram na sua maioria acompanhadas de magreza excessiva. Naquela época, o homem tinha um maior poder de resistência e o corpo humano era capaz de resistir a alimentos não naturais e de evitar a introdução de quantidades excessivas de tais substâncias por perda de apetite, diarréia, vômito e outros meios semelhantes. Porém, com o passar do tempo, o organismo humano cede à pressão dos alimentos degenerados, "adota-se" a eles e permite a incessante gordura dos seus bebês e a rechonchuda dos seus rostos. Essas pessoas foram as primeiras a construir e depois a sustentar células simples, inúteis e inativas, correspondentes à sua própria estrutura. É por isso que hoje em dia a magreza é menos comum e o mundo está cheio de corpulentos feios e pouco naturais.

Hoje, muitas crianças nascem com uma carga terrível de células inúteis e inativas. Seus pais simplórios têm orgulho da gordura de seus bebês e da gordura de seus rostos. Às vezes, essa gordura é de dimensões tão enormes que aterroriza aqueles que compreendem a sua verdadeira natureza. No entanto, as pessoas tolas representam essas monstruosidades nas suas embalagens de alimentos para bebés como sinais seguros de boa saúde.

O organismo humano faz grandes esforços para manter sob algum controle o aumento desordenado de células parasitas e inúteis, distribuindo-as por todas as partes livres do corpo: nas extremidades superiores e inferiores, ao redor do queixo, sob a pele da barriga e os quadris, e em outros lugares. Acontece, porém, que ocasionalmente algumas dessas células conseguem libertar-se desse controlo, separar-se da vida comunitária, tornar-se independentes, iniciar uma existência individual e multiplicar-se sem limites. Muitas vezes, o organismo consegue manter grupos dessas células envoltos em um local e evita que se espalhem. O crescimento resultante é então chamado de "neoplasia benigna" ou "tumor benigno" e deve ser diferenciado daquele crescimento que se ramifica livremente para as diferentes partes do corpo, a fim de prosperar em proteínas (e especialmente proteínas animais), e que é conhecido como "neoplasia maligna" ou simplesmente como câncer.

É necessário ressaltar que o cozimento não é o único fator que provoca perda no valor nutritivo dos alimentos. A farinha branca e o arroz polido são alimentos prejudiciais, mesmo quando consumidos crus. Mesmo a palha seca não é um alimento perfeito, apesar de ser capaz de manter viva uma criatura viva. O alimento perfeito poderia ser o talo do trigo junto com a espiga, se for consumido verde no verão e seco no inverno. Para as vacas e as ovelhas, a erva comum da montanha não pode ser considerada um alimento perfeito. Esses animais evoluíram em natureza livre, alimentando-se simultaneamente de gramíneas, folhas, frutas e vegetais. É por isso que ocorrem casos particulares de doenças entre aqueles animais a quem foram negados, através da intervenção do homem, os alimentos adequados às necessidades das suas células. No entanto, em nenhum momento os órgãos dos animais que se alimentam das gramíneas mais comuns estão sujeitos a perigos tão grandes quanto os do homem; nem os micróbios são tão aterrorizantes para eles como são para nós, pela simples razão de que não têm cozinha. Se não for possível conferir às células cancerígenas as elevadas qualidades das células normais e devolvê-las ao seio da comunidade através do consumo de frutas, que são efectivamente pobres em proteínas, mas ricas em vitaminas e outros constituintes do valor nutritivo mais elevado, então nenhuma droga no planeta será capaz de realizar essa tarefa. Todas as tentativas de curar o cancro através de medicamentos e operações são absolutamente fúteis e estão condenadas ao fracasso total. Mas um homem prudente nunca deveria sofrer de cancro se não perturbasse a integridade das suas matérias-primas.

Assim, as células produzidas a partir do frango e do arroz, da sopa, do fígado grelhado, do pão e da manteiga, da compota e dos doces ficam desprovidas de capacidade para realizar qualquer trabalho útil. As células ativas, especializadas e completamente saudáveis do corpo humano nascem exclusivamente de frutas e vegetais crus; por outras palavras, daquelas proteínas que introduzem no corpo humano milhares de constituintes nutritivos diferentes no seu estado natural e vivo, e que o viciado em comida se digna a comer por vezes como uma espécie de luxo "não nutritivo". Todos deveriam agora ser capazes de compreender a enormidade do crime cometido pelo pai que diz ao filho para não estragar o apetite com fruta antes do jantar, porque ele tem de fazer a sua refeição em breve. Isto equivale a dizer-lhe que não coma as milhares de matérias-primas diferentes que são essenciais para o seu organismo no seu estado natural e vivo, mas que espere pelos cadáveres mortos e sem vida de algumas delas, que ela lhe vai dar. em breve na forma de uma refeição.

Os que comem alimentos cozidos ficam felizes ao pensar que os alimentos que consomem são ricos em calorias. Agora, as calorias só podem ser úteis quando se aproveita ao máximo delas. Quando o número de células musculares é pequeno, e mesmo aquelas são fracas, doentes e desprovidas de elasticidade, a maior parte das calorias permanece sem utilização e, depois de causar uma quantidade considerável de problemas ao corpo, sai do organismo na forma de indesejáveis calor e são perdidos sem propósito. Quando acendemos um fogo ao ar livre, a energia desse fogo se perde inutilmente, mas quando acendemos esse fogo no motor de uma fábrica, ele atende plenamente ao seu propósito. Por meio de alimentos cozidos, o viciado em comida introduz em seu corpo uma ingestão de calorias três ou quatro vezes superior às necessidades funcionais de seu organismo. As calorias obtidas a partir de alimentos crus atendem plenamente ao seu propósito, pois tais alimentos são acompanhados de todos os fatores necessários ao aproveitamento dessas calorias.

Foi criada uma vasta literatura que trata do estudo dos constituintes separados nos alimentos, um estudo que já não está confinado aos círculos científicos, mas que se tornou altamente popularizado. No entanto, a grande atenção prestada aos eleitores individuais decorre do facto de termos perturbado a sua integridade e privado o nosso corpo de uma parte importante deles. O estudo dos constituintes nutritivos individuais ainda está em seu estágio mais elementar e nem um em cada mil de seus segredos é conhecido pelo homem. Por conseguinte, esse estudo deveria actualmente limitar-se aos círculos científicos e todas as experiências para testar nutrientes individuais, especialmente proteínas animais, vitaminas e minerais sintéticos, deveriam ser realizadas apenas em animais. No nosso atual estado imperfeito de conhecimento, é muito perigoso fazer experiências no corpo humano. Em qualquer caso, certamente não há necessidade de recorrer a constituintes individuais produzidos artificialmente, quando os temos todos à nossa disposição constante, na sua maravilhosa integridade, o tempo todo, e especialmente porque nenhuma substância nutritiva pode servir a qualquer propósito útil se for tomado isoladamente.

Deveria ser dever dos biólogos e dos médicos encorajar e até obrigar as pessoas a não separarem os constituintes nutritivos uns dos outros, mas a consumi-los sempre em conjunto, nas suas proporções naturalmente equilibradas e com as suas células vivas. Nunca deveriam falar sobre a utilidade de constituintes nutritivos individuais, mas deveriam enfatizar a sua indispensabilidade; tal como consideramos a pureza da gasolina não apenas como útil para o avião, mas como indispensável. Eles nunca deveriam falar sobre os benefícios de quaisquer vitaminas em particular, mas deveriam enfatizar os perigos de perturbar a sua integridade e de destruí-las.

De um modo geral, toda a ciência da nutrição pode ser resumida em dois pontos principais e tornar-se preocupação de toda a humanidade:

1. A alimentação humana deve consistir inteiramente de células vivas. Somente os alimentos constituídos por células vivas possuem todas as qualidades necessárias para satisfazer as demandas do organismo humano. O homem não é um animal necrófago. Ele não poderia ser carnívoro mais do que pegar uma mosca no ar e engoli-la viva, ou despedaçar uma presa como um animal selvagem e devorá-la com todas as suas entranhas e ossos.

2. Existem corpos vegetais comuns e escolhidos na natureza. Os corpos vegetais mais perfeitos e altamente nutritivos são as melhores variedades de frutas, vegetais verdes, cereais e raízes. Entre todos os animais, o homem desenvolveu-se e atingiu um elevado grau de perfeição, precisamente porque foi capaz de obter alimentos da mais alta qualidade através do trabalho das suas mãos e de desenvolver o seu físico por

meio desses alimentos. Portanto, na medida do possível, o homem deve escolher os nutrientes mais valiosos para o seu consumo.

Ao comer alimentos cozinhados, o homem fecha o seu apetite a três das quatro variedades de substâncias degeneradas e priva o seu organismo de milhares de outros constituintes essenciais. Uma prova contundente dessa afirmação é o fato de que entre milhares de receitas médicas é difícil encontrar uma em que alguma vitamina ou outra não esteja especificada, mas dificilmente você encontrará uma receita onde sejam mencionados os nomes de proteínas, gorduras e carboidratos.

Em suma, o homem goza de saúde perfeita quando se alimenta exclusivamente de alimentos vegetarianos crus, fica doente na medida em que consome alimentos cozinhados e morre quando subsiste exclusivamente com tal dieta.

Como nascem as doenças

Tomemos uma glândula composta de um ou dois bilhões de células. Essas células são de vários tipos, cada uma das quais tem sua função ou dever específico a cumprir. Assim, existem células musculares e células epiteliais, e existem células nervosas e células para muitos outros fins. Mas a principal função das células de qualquer glândula é a secreção de fluidos.

As glândulas de um homem que come comida cozida têm todo o seu conjunto de células, talvez até mais, mas apenas um quarto ou um quinto delas são adequadas para qualquer trabalho útil, e isso não de forma adequada. Somente a proteína, especialmente a proteína animal morta, considerada pelas pessoas míopes como o material de construção perfeito, pode, no máximo, trazer à existência apenas a estrutura mais simples de uma célula disforme, incapaz e inútil de tipo primitivo. Na sua estrutura, estas células assemelham-se aos organismos primitivos do carácter mais elementar que fizeram a sua primeira aparição na Terra nos primeiros estágios do desenvolvimento evolutivo e que foram construídos com o material de construção mais comum: proteínas, gorduras e hidratos de carbono.

No decurso dos milhões de séculos que se seguiram, contudo, esses organismos unicelulares primitivos passaram por um longo processo evolutivo com a ajuda de substâncias nutritivas da mais alta qualidade, nomeadamente as vitaminas e os minerais conhecidos e desconhecidos por nós. Durante esse desenvolvimento evolutivo, eles se aperfeiçoaram e deram origem a vários organismos mais complexos, dos quais o mais perfeito é o ser humano. Podemos ver a breve recapitulação deste desenvolvimento histórico dos organismos no embrião de um animal, desde o momento da sua fecundação até ao seu pleno desenvolvimento. O mesmo processo é repetido durante o desenvolvimento das células humanas individuais.

Numa determinada glândula, cada célula especializada possui mecanismos particulares, que só podem ser organizados e levados a adquirir a capacidade de trabalho ativo através do fornecimento de constituintes nutritivos especiais. Agora, as matérias-primas necessárias para as funções produtivas desses mecanismos podem ser fornecidas apenas por todos os géneros alimentícios. Nenhuma abelha consegue fazer mel com o néctar das flores cozidas!

Quando os constituintes especiais não chegam à célula em quantidades suficientes, o seu desenvolvimento abranda ou pode até parar. Isto dá origem a uma variedade de células imperfeitas e doentes, tais como células gordurosas, anaplásicas, malignas ou cancerosas, macrófagos, megacariócitos, policariócitos e assim por diante.

Assim, não só a maior parte das células da glândula em questão não atinge a especialização (diferenciação), mas também as matérias-primas necessárias à secreção dos fluidos não chegam às poucas células que ainda mantêm a capacidade de trabalhar, pelo que a glândula não consegue manter seu nível adequado de produção. É desta forma que a glândula é afetada pela doença. O desenvolvimento insatisfatório e o funcionamento inadequado das células também podem ocorrer em todos os outros órgãos e sistemas, resultando no aparecimento de doenças correspondentes.

Às vezes, uma determinada glândula ou órgão é danificado a tal ponto que sua remoção se torna inevitável. Em vez de adotarem as medidas mais naturais para evitar a destruição desse órgão, em primeiro lugar, os homens se esforçam ao máximo para removê-lo e depois se orgulham da realização de tal milagre. Para quem come carne crua, é bastante claro que nenhuma droga pode restaurar uma célula degenerada à sua condição normal e devolver-lhe a sua capacidade adequada de trabalho.

Quem come carne crua não tem medo dos micróbios, porque está protegido contra eles pelas forças naturais. Os micróbios não podem prejudicar as células totalmente desenvolvidas e especializadas (diferenciadas). Eles espalham seus estragos nas células fracas e delicadas.

Na realidade, quem come alimentos cozidos deve a sua existência aos poucos nutrientes crus que às vezes ingere apenas por prazer, sem levar em consideração toda a sua importância. Agora, como o organismo humano pode manter a sua existência com uma quantidade inacreditavelmente pequena de alimento, essas pequenas quantidades de nutrientes brutos são suficientes para mantê-lo vivo por algum tempo.

Hoje, mesmo os maiores especialistas em nutrição costumam considerar a putrefação e a contaminação como os únicos defeitos dos alimentos. Eles consideram nutritivos, saudáveis e normais todos os alimentos frescos, limpos e "bem cozidos". A ausência de milhares de constituintes essenciais neles não parece preocupá-los em nada. Quando são lembrados disso, respondem que também comem frutas. Esta é uma resposta muito sem sentido. As doenças do organismo humano têm origem no próprio facto de separarmos os constituintes nutritivos uns dos outros e depois consumi-los separadamente, por assim dizer, por acaso, sem qualquer plano adequado.

O valor nutritivo dos alimentos não deve ser procurado na variedade dos alimentos consumidos, mas na variedade dos constituintes que os compõem. A erva mais comum, por si só, é mais rica na quantidade de seus constituintes nutritivos e em todo o conjunto da infinidade de pratos servidos nos mais suntuosos banquetes. Este é o veredicto da ciência.

Numerosas conferências médicas têm lugar para a prevenção de doenças onde, depois de discorrerem durante horas sobre assuntos secundários, os principais representantes da ciência médica reúnem-se em torno de mesas ricamente decoradas para os seus jantares. Depois, ignorando os alimentos básicos e plenamente equilibrados, que se formam no maravilhoso laboratório da natureza para a prevenção de doenças e que compreendem milhares de substâncias vivas, enchem-se através de pratos "deliciosos" com os cadáveres degenerados e mortos de quatro ou cinco de suas variedades mais comuns. Pior ainda, muitos deles, considerando os nutrientes naturais como não essenciais, completam o seu programa de nutrição com café e cigarros. Permitam que os médicos me desculpem por esta restrição, mas depois de um pouco de reflexão eles certamente concordarão comigo que este não é o sistema correto de nutrição e que já é hora de considerarem seriamente fazer uma mudança básica nos atuais costumes errôneos de alimentação.

Houve uma época em que, em certos países asiáticos, os criminosos condenados à morte eram alimentados apenas com uma dieta composta por carne cozida. Eles geralmente morriam dentro de 28 a 30 dias, enquanto no caso de fome total um homem pode permanecer vivo por até 70 dias. Isto significa que a carne cozida não só é um alimento pobre, mas, com as toxinas que produz, é realmente um veneno que mata uma pessoa num tempo relativamente curto.

É de conhecimento geral que quem consome quantidade excessiva de arroz polido está sujeito ao beribéri, que mata o paciente após causar muito sofrimento. Talvez o sintoma mais importante do beribéri seja a polineurite, mas este não é o único sintoma da doença; é apenas um entre um grande número de sintomas. A deficiência de vitamina B1 também não é a única causa desta doença, como geralmente se supõe. O arroz polido não contém nenhuma das vitaminas conhecidas ou desconhecidas. O pão branco e, em geral, todas as preparações à base de farinha branca têm exatamente as mesmas características do arroz polido. O mesmo se aplica ao açúcar artificial e às gorduras clarificadas, que são representantes de apenas um ou outro dos milhares de constituintes nutritivos.

Os alimentos acima, que constituem a dieta básica do comedor cozido, são os principais fatores que causam a morte, só que matam uma pessoa sob o pretexto de diarreia, doenças infecciosas, reumatismo, gota, esclerose, diabetes, apoplexia, câncer e numerosos outras doenças. Às vezes matam com apenas um ano de idade, outras vezes aos cinco, 10, 50 ou 70 anos, dependendo das proporções relativas das duas categorias de alimentos consumidos (alimentos cozinhados e nutrientes crus) e do grau de hereditariedade. resistência transmitida ao indivíduo.

Como resultado de uma nutrição deficiente, hoje em dia muitas mães não têm leite para amamentar os seus bebés e, por isso, algumas delas alimentam os seus bebés com leite em pó, biscoitos, pão branco e chá. Muito naturalmente, a criança começa a ficar esgotada e emaciada. Os hospitais infantis e orfanatos de todo o mundo estão cheios desses pacientes.

É suficiente dar a essas crianças apenas dois copos de suco de frutas por dia, para que possam recuperar completamente a saúde em quinze dias. Mas os nutricionistas viciados em comida, ignorando a necessidade das frutas, realizam todo tipo de experiências dolorosas no corpo debilitado da criança e, depois de extrair dele as últimas gotas de sangue, tentam alimentá-la com leite em pó, extratos de carne. , vitaminas artificiais e vários medicamentos. Por outras palavras, desconsiderando o equilíbrio harmonioso dos constituintes nutricionais liberalmente fornecidos pela natureza, começam a fazer experiências no corpo emaciado daquela criança por meio de alguns constituintes sobre os quais obtiveram algum conhecimento fragmentado nos seus laboratórios. Se essa criança não obtiver nenhum alimento natural de uma forma ou de outra, ela certamente morrerá e tais mortes, de fato, ocorrerão aos milhares. Mas, o que é ainda mais terrível, muitos dietistas ingénuos não permitem que essas crianças comam fruta crua, na crença de que os seus estômagos fracos não serão capazes de digeri-la ou, na melhor das hipóteses, deixam a questão da fruta ao critério do consumidor. pais dos filhos, considerando-o um luxo desnecessário e de menor importância. Testemunhe o fato de que em muitos hospitais você encontrará carne, biscoitos, leite em pó, açúcar, chá, margarina, arroz, pão branco, vitaminas artificiais e remédios à vontade, mas não verá um único dispositivo para espremer frutas sucos, e a compra de frutas nem é obrigatória. Dezenas de cadáveres de crianças são retirados desses hospitais, mas ninguém deseja responsabilizar o sistema antinatural de nutrição por essas mortes.

Apelo aos sentimentos humanitários de todos os médicos. Deixe-os considerar seriamente este assunto. Pergunto a todos os professores universitários e a todos os órgãos responsáveis e ministérios da saúde de todos os países do mundo se estão preocupados com a saúde e o bem-estar do seu povo ou não. Se estiverem, devem começar a trabalhar sem demora. Minhas afirmações não são meras hipóteses, mas fatos irrefutáveis, que apresento ao leitor não como resultado de experimentos em cobaias, mas pelo exemplo vivo de minha família e de mim mesmo.

A melhor forma de prevenir e curar doenças e, ao mesmo tempo, de elevar o nível de vida é cada ministério da saúde reservar um orçamento insignificante para a criação de departamentos de informação, com o propósito expresso de levar ao conhecimento das massas os malefícios da culinária, bem como dos alimentos carentes de vitaminas, especialmente pão branco, arroz, carne, gorduras clarificadas, açúcar, chá, café e bebidas alcoólicas e não alcoólicas. Deverão então persuadir as pessoas a reduzirem tanto quanto possível o consumo de alimentos cozinhados e a introduzirem mudanças graduais nos seus hábitos nutricionais.

Naturalmente, como todos os homens não são sensatos, não é possível transformar todos em comedores crus de uma só vez, mas é essencial que as pessoas se familiarizem com as matérias-primas adequadas dos seus corpos desde a infância, se libertem de preconceitos errôneos e perigosos, e devem compreender que não é a canja de galinha, o arroz, as costeletas, os ovos e o bife que dão saúde e força a eles e aos seus filhos, mas sim o trigo germinado, a cenoura, o tomate, as nozes e as uvas. Tomando como exemplo o meu próprio caso, como resultado de comer carne e outros alimentos cozidos durante 52 anos, perdi todas as forças e não conseguia subir dois degraus sem sentir falta de ar; mas hoje, depois de me abster de alimentos cozidos durante oito anos, posso subir montanhas com a maior facilidade.

Não sei com que fundamentos científicos hoje em dia, em muitos lares e creches, colocam-se caixas de biscoitos à disposição das crianças, para se servirem quando quiserem. As caixas dessas substâncias nocivas deveriam ser substituídas por cestos de frutas frescas, cenouras, pepinos e tomates no verão, e de frutas secas no inverno, dos quais as crianças deveriam poder comer à vontade e à vontade, a qualquer hora. do dia. Então todos verão como, pelas próprias leis da natureza, as crianças começarão automaticamente a consumir mais frutas e menos alimentos degenerados, garantindo assim a sua própria saúde pelas próprias mãos.

O sistema de alimentação crua deveria ser adotado nos hospitais para todos os tipos de pacientes e o público deveria ser informado dos resultados obtidos. Reformas muito úteis podem ser feitas em restaurantes públicos, especialmente no fornecimento de rações militares. Sem privar completamente os viciados em comida dos "prazeres" das refeições cozinhadas, por mais mortíferas que sejam, por enquanto é possível reduzir a sua quantidade em pelo menos 50 por cento e substituir a perda por saladas frescas e compotas cruas, e por as inúmeras variedades de frutas da época. Desta forma, não só as refeições se tornarão mais variadas e agradáveis, mas também a saúde das pessoas será fortalecida e será efectuada uma poupança considerável na economia pública.

Uma vez que o público esteja familiarizado com os danos causados pelos alimentos cozinhados, tentará evitá-los. Encontrar-se-á, também, um grande número de pessoas sensatas que, abafando a voz do seu vício, seguirão o nosso exemplo e pela prática da alimentação crua completa garantirão a saúde perfeita para si e para as suas famílias. As pessoas que perderam todas as esperanças de recuperação ou que ficaram desfiguradas pela corpulência antinatural perceberão que, através da estrita observância da alimentação crua, dentro de apenas alguns meses serão capazes de alcançar a saúde com que sempre sonharam.

As pessoas publicam numerosos livros para demonstrar as propriedades terapêuticas de frutas e vegetais individuais, como uvas, tâmaras, maçãs, órgãos, cebolas ou rabanetes, e, ao desenvolver métodos especiais de consumo, tentam dar a essas operações uma aparência de ciência. processos. Na verdade, todas as variedades comestíveis de corpos vegetais crus são nutrientes perfeitos e têm as mesmas qualidades. Não importa a doença que uma pessoa sofra, elas satisfazem as demandas do organismo, regulam as funções dos órgãos, restauram a saúde do paciente. As informações sobre tais verdades devem ser colocadas à disposição do público gratuitamente, pois é desumano receber qualquer dinheiro por tais conselhos.

A dieta de quem come alimentos cozidos está cheia de contradições fatais. Em muitos casos, os alimentos prejudiciais são recomendados como úteis, enquanto os alimentos essenciais são apresentados como prejudiciais e são estritamente proibidos. Isto porque a experiência dos que comem cozinhados se baseia nos efeitos imediatos, aparentes e contraditórios dos alimentos e nos cálculos errados feitos em laboratório. Milhões de pessoas inocentes morrem em consequência desses cálculos contraditórios e erróneos.

O guia mais confiável é a experiência fundamental e perfeita do comedor de crus, a partir da qual todos os erros, contradições e mal-entendidos que existem na ciência médica, em geral, e na dietética em particular, são trazidos à luz e corrigidos uma vez. para todos. É necessário multiplicar por toda parte os exemplos dessa experiência e dar a conhecer a toda a humanidade os resultados obtidos.

É o pior dos crimes acostumar um bebê recém-nascido a alimentos cozidos

Quando se torna evidente para todos que comer alimentos cozidos é um hábito antinatural, que é a causa de todas as doenças humanas e que é um vício tão terrível que, uma vez que um homem cai nas suas garras implacáveis, a vítima raramente é capaz de libertar-se. livrar-se de suas garras novamente. Que direito tem uma pessoa sensata de introduzi-lo no organismo de um recém-nascido inocente pelas suas próprias mãos? Que direito ela tem de devastar os órgãos de seu bebezinho com alimentos que foram queimados, destruídos, mortos no fogo? Não é o mais cruel de todos os crimes, não é na verdade um homicídio, um filicídio brutal? Eu próprio matei os meus dois amados filhos com as minhas próprias mãos e estou perfeitamente consciente da enormidade do crime.

Na realidade, todos os pais viciados em comida são filicidas. No século atual ninguém morre de morte natural. Todas as mortes são resultado de doenças causadas por refeições cozinhadas, e as pessoas que ensinam as crianças a comer alimentos cozinhados são os seus pais. Os pais que comem alimentos cozinhados devem compreender plenamente que a responsabilidade por todas as doenças e distúrbios dos seus filhos recai directamente sobre os seus próprios ombros. Eles devem ponderar esta questão muito seriamente antes de persistirem no seu habitual curso equivocado. A base de todo câncer ou derrame cardíaco é estabelecida com o primeiro pedaço de comida cozida dada ao bebê, mesmo quando a doença aparece em idade mais avançada.

Pode-se argumentar que é difícil para os adultos ficarem completamente privados de alimentos cozinhados. Muito bem então, nesse caso, deixe-os persistir em seus hábitos perniciosos o quanto quiserem. Mas o que é que os obriga a queimar as matérias-primas integrais de uma criança, a destruí-las, a privá-las dos seus constituintes mais essenciais, a convertê-las em substâncias nocivas e depois a dá-las ao bebé? Este comportamento desumano para com crianças inocentes, esta barbárie, tem certamente de acabar.

Não existe nenhuma regra científica que impeça um pai de dar ao seu filho trigo germinado em vez de pão branco, arroz polido ou macarrão; mel em vez de açúcar; sucos frescos de cenoura, laranja, uva e maçã em vez de leite em pó; fruta crua em vez de compota; nozes, amêndoas, feijões germinados e ervilhas em vez de carne e gorduras. Ao comer alimentos crus, a criança desfruta de uma vida longa, saudável e feliz, ao passo que a dieta alternativa a leva à doença e à morte prematura. Você pode ter certeza de que a criança deseja comida crua de todo o coração. Ele exige que receba suas matérias-primas intactas e tem direito indiscutível a elas. O médico ou o pai que não seja desprovido de bom senso e consciência deve agir em conformidade, sem a menor hesitação.

Quando, aos três ou quatro meses de idade, os órgãos de um bebê começam a funcionar irregularmente, o médico míope prescreve dois ou três tipos de vitaminas artificiais no lugar das milhares de substâncias que foram queimadas no fogo, ou no máximo ele recomenda, como uma espécie de remédio, algumas colheradas medidas de suco de fruta, acalmando assim a sua própria consciência e a dos pais do bebê. Por que uma criança deveria sofrer de deficiência de vitaminas, se por suas próprias mãos a mãe não destrói as vitaminas que existem nos alimentos naturais?

Fechemos os olhos por um momento e imaginemos em toda a sua totalidade o milagre que a natureza realiza. Assim que introduzimos um único grão de trigo na fábrica humana pela boca, o organismo pega esse grão, decompõe-no e distribui-o por todo o corpo. As milhares de substâncias diferentes que estão concentradas naquele grão movem-se em todas as direções e cada uma delas vai cumprir a sua respectiva função. Assim, os vários constituintes nutritivos de um grão de trigo realizam dezenas de milhares de tarefas diferentes e conduzem as funções biológicas do organismo sem qualquer falha ou falha.

Mas o que acontece quando introduzimos no estômago um pedaço de pão branco? Faz o estômago funcionar sem rumo; é queimado e transformado em calor inútil ou, na melhor das hipóteses, acrescenta alguns tijolos ou pedras sem argamassa sobre algumas celas indolentes e sem valor. O coração de quem se alimenta de trigo puro é tão firme e forte quanto um grão de milho, enquanto o coração de quem come pão branco é tão fraco e friável quanto o pão que consome. Isto é testemunho do número cada vez maior de insuficiências cardíacas.

Se, por algum milagre, o mundo inteiro recuperar o bom senso e adoptar a prática de comer cru, com excepção de alguns casos particulares demasiado avançados nas suas doenças, não haverá mortes prematuras durante as próximas três ou quatro décadas, até que os idosos atingem a velhice extrema. Do jeito que está, as mortes causadas pelo consumo de alimentos cozidos excedem várias vezes as ocorridas nas maiores guerras.

Em nome de cada criança indefesa, apelo mais uma vez a todos os cientistas, homens de conhecimento, líderes de nações, ministros da saúde, pais e homens de bom coração em todo o mundo para que ponham fim imediato a esse terrível crime contra as crianças pequenas. O atraso diário custa milhares de vidas inocentes. Os adultos são livres de sacrificar as suas vidas aos prazeres fatais dos alimentos cozinhados e, portanto, de cometer suicídio, mas quem lhes deu o direito de massacrar os seus pobres filhos, especialmente porque esses alimentos, longe de lhes proporcionarem qualquer prazer, apenas preenchem as crianças com nojo? Não faz sentido argumentar que quando uma criança crescer verá os outros comerem e então ela própria sentirá vontade de comer. Em primeiro lugar, uma barbárie como a do consumo de alimentos cozinhados não pode durar muito e podemos aguardar com confiança a rápida vitória do consumo de alimentos crus. Depois, há milhões de pessoas que vêem o alcoolismo ou a dependência de drogas dos outros, mas mantêm-se bem longe de tais vícios. Minha filha já tem 6 anos* e ‡consegue entender tudo; ela vê a comida cozida comida por outras pessoas, mas ela mesma a detesta com todo o coração. Qual viciado em ópio ensina seu filho a adquirir o vício das drogas desde o berço? Que bom senso leva um homem a sacrificar seu próprio filho e torná-lo um companheiro precoce de seus hábitos repugnantes, a fim de sancionar e perpetuar seus vícios pessoais? Que os pais primeiro criem uma criança saudável de acordo com as leis da natureza e então, depois que ela crescer, deixem que seu futuro curso de ação seja entregue à sua própria vontade, assim como fazem no caso de todos os outros vícios.

Isso se refere a 1963, quando esta seção do livro foi escrita.

Depois de ler estas linhas, nenhum pai sensato poderá encontrar justificação no facto de outras autoridades terem dado conselhos bastante diferentes. Se ela persistir em ignorar a voz da verdade, deverá assumir sobre os seus ombros a responsabilidade de arruinar a saúde do seu filho e minar o seu futuro. Uma pessoa deve ser desprovida do julgamento mais elementar para substituir 10.000 substâncias por duas substâncias, células vivas por células mortas, matérias-primas totalmente equilibradas por material degenerado, nutrientes naturais por nutrientes não naturais, trigo germinado por pão branco, ervilhas verdes por carne cozida, e frutas frescas com geléia.

Biólogos gastrolátricos devem provar que a natureza cometeu um erro ao não nos apresentar alimentos cozidos

Apelo publicamente a todos os cientistas para que confirmem os meus pontos de vista e os declarem ao mundo inteiro, ou para que provem que quando os alimentos naturais são postos no fogo, não há perdas nos seus constituintes nutritivos ou conteúdo energético; nenhuma morte ocorre nas células vegetais vivas e nenhuma mudança ocorre na constituição dos átomos. Devem ainda provar que na criação de nutrientes para o organismo humano o nosso Criador cometeu um erro ao não nos apresentar os alimentos em estado "purificado", cozinhado ou queimado, que as operações realizadas nas fábricas e nas cozinhas são medidas científicas que visam corrigir os erros do Criador e que as vitaminas artificiais produzidas pelo homem possuem valores nutricionais superiores às vitaminas encontradas na natureza. Caso contrário, deverão admitir os trágicos erros cometidos até agora e, eliminando de uma vez por todas as refeições cozinhadas, refugiar-se na sabedoria do Criador e deixar de interferir na composição dos alimentos naturais por Ele criados. Deixemos que aqueles que se consideram carnívoros consumam a sua carne, se puderem, fresca e inteira, como fazem os animais carnívoros, sem matar as suas células ou degenerá-las de qualquer forma.

Não temos o direito de perturbar a integridade das matérias-primas criadas pela natureza para o organismo humano quando, com todos os meios científicos à nossa disposição, não somos capazes de criar o mais ínfimo organismo unicelular; quando, com a ajuda de todos os constituintes nutritivos que conhecemos, não conseguimos alimentar artificialmente um organismo e mantê-lo vivo por muito tempo; e quando mal conseguimos reconhecer uma milésima parte das substâncias contidas num grão de milho. É verdade que se realizou muita investigação e se registaram progressos consideráveis no reconhecimento de vários nutrientes e, como resultado, foram descobertos muitos constituintes nutritivos importantes, mas todas essas descobertas não podem ser de maior importância do que a invenção do os satélites artificiais. A diferença entre as vitaminas artificiais e os constituintes nutritivos que compõem um grão de milho é da mesma ordem que a diferença entre os satélites artificiais feitos pelo homem e os corpos celestes que formam todo o nosso sistema galáctico. Os cientistas que fabricam satélites artificiais, contudo, nunca pretendem aniquilar as galáxias existentes e substituí-las por corpos celestes recém-criados por eles próprios.

Nosso melhor caminho é estudar cuidadosamente as leis da evolução natural dos organismos animais e vegetais e então auxiliar o trabalho da natureza usando todos os meios naturais para acelerar essa evolução. Mas, sob nenhuma circunstância, devemos desfazer o trabalho da natureza e depois tentar reconstruí-lo com a ajuda de miseráveis extratos de glândulas e vitaminas artificiais.

Quando colocamos um pedaço de batata ou tutano na manteiga e começamos a fritá-lo, iniciamos o processo de sua destruição desde o primeiro momento. Imediatamente começa a chiar, a murchar, a ficar marrom e depois a secar, e se continuarmos a operação um pouco mais, ele carboniza e se transforma em cinzas. Esse cheiro apetitoso que faz cócegas nas nossas narinas é o cheiro dos constituintes mais valiosos dos alimentos naturais, que riem dos nossos sentidos e desaparecem no ar.

Os termos "cozinhar" e "assar" não devem ser utilizados no sentido de preparar, construir e melhorar, como têm sido utilizados até agora; devem ser utilizados, antes, para transmitir a sensação de arruinar, destruir, queimar, matar ou aniquilar, porque através dessas operações destruímos as substâncias mais valiosas e de vital importância para o nosso organismo e assim cometemos o crime mais hediondo contra a humanidade .

Um bebê detesta o sabor dos alimentos cozidos, que parecem apetitosos apenas para o viciado em comida, assim como o ópio parece agradável para o viciado em drogas

As pessoas simplórias poderiam pensar que seria cruel privar as crianças do prazer derivado do sabor dos alimentos cozinhados. Essas pessoas deveriam perceber que, na verdade, os alimentos cozidos não são nada saborosos; parecem saborosos apenas para o viciado em comida, assim como o ópio parece agradável para o viciado em drogas. Até agora não houve ninguém que nos dissesse esta verdade simples, porque desde tempos imemoriais ninguém esteve livre do vício alimentar.

Os órgãos de um recém-nascido estão adaptados apenas à composição de alimentos crus. O bebê gosta muito de frutas e vegetais crus. Ele come, com a maior satisfação, grãos crus, batatas, feijões, berinjelas, ervilhas e lentilhas, que têm um gosto muito bom para ele, mas são desagradáveis para quem come cozido. A criança não sente qualquer prazer com o sabor das refeições cozinhadas; ele os detesta e os evita com toda a sua alma e é com grande dor que ele engole esses alimentos não naturais. Mas o pai pobre e simplório não entende isso. Ela é guiada apenas pelo seu próprio vício e, na ansiedade de alimentar bem a criança, continua forçando-lhe aquelas comidas vis goela abaixo a tal ponto que transforma a criança em um perfeito viciado, arruinando assim sua saúde e felicidade.

Durante os primeiros anos de vida, o bebê trava uma luta terrível contra alimentos não naturais. Isto é evidente pelas numerosas doenças infantis e pelos frequentes distúrbios estomacais que afectam as crianças, bem como pela elevada taxa de mortalidade infantil. Um bebê é uma fábrica perfeita recém-construída. Ele nunca ficará doente se fornecermos nutrientes naturais para as atividades nutricionais normais de seus órgãos.

A adopção universal da alimentação crua é a única forma de libertar toda a humanidade da maldição das doenças, de uma vez por todas. A propagação do consumo de alimentos crus deve começar pelos doentes, pelas crianças recém-nascidas, pelos grandes homens dotados da necessária força de vontade e sabedoria, e pelos pais sensatos das crianças que comem alimentos crus, que serão obrigados a excluir das suas casas todos os vestígios de alimentos degradados, para que possam para não colocar a tentação no caminho dos filhos. Este período inicial de abstenção voluntária de alimentos cozinhados durará até ao dia em que as autoridades recobrarão o juízo e decidirão declarar obrigatório o consumo de alimentos crus, impondo assim a vontade prudente da natureza às massas ignorantes e não instruídas. Chegará o tempo em que o consumo de alimentos crus prevalecerá em todo o mundo. Naqueles dias abençoados, a degeneração das matérias-primas integrais necessárias à fábrica humana será declarada o mais atroz dos crimes e será punida com as mais severas penas.

A suposta dificuldade de abolir rapidamente o hábito de comer alimentos cozidos não deve servir de desculpa para negar os danos por ele causados. Ninguém tenta justificar o roubo, o roubo e o homicídio, embora não tenha sido possível erradicar estas pragas nefastas da sociedade humana. O essencial é que os cientistas admitam, em princípio, e declarem ao público que a operação de cozinhar alimentos é errada, antinatural e perigosa, e que é a causa directa de doenças. A questão secundária de colocar em prática a alimentação crua pode então ser deixada para o curso subsequente dos acontecimentos.

A alimentação cozinhada deu origem sucessivamente à dependência alimentar, às doenças, à ciência médica e à farmacologia. O propósito final da ciência médica é consertar e renovar os órgãos degenerados e mutilados do homem. No lugar da ciência médica, quem come cru tem a sua ciência ou saúde, cujo objetivo é prevenir as degenerações acima mencionadas e garantir uma vida saudável, feliz, longa e pacífica para as gerações presentes e futuras. Todas as doenças são causadas pela violação das leis da natureza. Comer cru obriga as pessoas a respeitar essas leis.

A prática de comer cru na minha família

O fato de aos 60 anos ser capaz de escrever estas linhas se deve ao fato de comer alimentos crus. Há sete ou oito anos, meu coração estava em condições tão precárias que um ataque cardíaco parecia inevitável. Eu costumava ficar sem fôlego ao subir alguns degraus; Não tive força suficiente para levantar um balde d'água. Prisão de ventre, indigestão, azia, insônia, dor de cabeça, hemorróidas, gota, esclerose, pressão alta, taquicardia, bronquite crônica, hemorróidas e resfriados frequentes foram os companheiros da minha vida durante muito tempo. Graças à alimentação crua, livrei-me de todos esses distúrbios. Reduzi permanentemente minha pressão arterial de 18-20 para 13 e minha pulsação de 80-90 para 58-60. Sem nenhum sinal de cansaço, posso caminhar até Tajrish e voltar (uma distância de 24 quilômetros) em quatro horas, subir montanhas como uma cabra, levantar malas pesadas escada acima e, quando tiver tempo, dar um passeio de 12 quilômetros como uma rotina diária normal. Eu, que já sofri de bronquite crónica e sofria de gripe várias vezes por ano, como é natural, nem sequer tive uma constipação comum nos últimos anos e tenho dormido ao ar livre durante todo o ano, em inverno e verão, sem o menor medo do frio ou dos micróbios.

Anos atrás, tive um ataque tão grave de gota que não conseguia tocar as articulações do dedão do pé; hoje posso torcê-los com todas as minhas forças sem o menor sinal de dor. Onde no mundo foram obtidos resultados semelhantes por meio de atofano, ACTH, digitálicos, brometos, iodo, aspirina, antibióticos e milhares de outros medicamentos?

Pode-se esperar com segurança que o coração que funciona a uma taxa de 58 batimentos por minuto continue trabalhando por muitos anos sem nunca estar sujeito ao perigo de um derrame. Em condições de alimentação cozida, como a queda na pulsação, ocorre apenas quando o coração está fraco, mas no meu caso é o resultado natural da regularidade no funcionamento dos meus órgãos digestivos.

É extremamente significativo que sempre que tento sobrecarregar o meu estômago com várias vezes a quantidade normal de alimentos naturais, eles não ficam no estômago por muito tempo, mas passam imediatamente para o intestino e saem do corpo em poucas horas, sem sofrer qualquer decomposição e sem produzir o menor distúrbio digestivo ou causar-me qualquer desconforto. Nessa condição, minha pulsação aumenta não mais do que quatro ou cinco batimentos por minuto, ao passo que, quando tento me "satisfazer" com comida cozida, como "um ser humano comum", meu coração bate imediatamente para 85-90. e leva dias para meu estômago recuperar a sensação normal de leveza.

Junto comigo, estou criando meu terceiro filho como um comedor cru. Ela já tem sete anos de idade, mas nunca colocou na boca um único pedaço de comida degenerada. Sua saúde é a personificação da perfeição. Agora posso ver a grande diferença que existe entre crianças que comem crus e crianças que comem cozinhados. É mais fácil criar cem crianças que comem alimentos crus do que uma única criança que come alimentos cozidos. Nunca se tem a oportunidade de se preocupar com as doenças das crianças, como calafrios e resfriados, diarréia e constipação, ou problemas com o fato de a criança comer muito ou pouco. Ela é alegre como uma cotovia e sempre que quer vai até a mesa e se serve de tudo que gosta de comer. Ela brinca, canta e dança o dia todo sem caprichos ou caprichos, sem chorar, sem causar problemas a quem a rodeia. Ela vai para a cama exatamente às 8 horas da noite e, depois de cantar sozinha por alguns minutos, fecha os olhos e dorme como um top até as 6 horas da manhã. Além disso, é um fato notável que, depois dos primeiros meses, só possamos nos lembrar de três ou quatro ocasiões em que ela acordou durante a noite. Seu sono é tão profundo e profundo que nenhum ruído ou movimento a faz acordar.

Quando outras crianças do jardim de infância se sentam à mesa do café da manhã para comer pão e queijo, pão com manteiga, doces, etc., ela traz seu saco de frutas que trouxe de casa e saboreia-o tranquilamente. Quando vamos visitar amigos, ela olha com total indiferença para aquelas mesas de chá lotadas em torno das quais as pessoas se sentam e "degustam" todo tipo de doces e tortas. Muitas vezes ela enche os pratos de seu jogo de chá de brinquedo com esses doces e brinca de "chá do comedor cozido" com suas bonecas e seus companheiros de brincadeira. Ela nunca expressa o desejo, nem mesmo por curiosidade, de provar algum deles. É desta forma que todas as crianças que comem alimentos crus deveriam ser educadas.

Minha esposa, a quem nunca forcei meus pontos de vista, mudando gradualmente seu sistema de nutrição em prol de seu filho e de sua saúde, tornou-se agora uma completa comedora de alimentos crus e está bastante satisfeita com sua condição. Para começar, ela desistiu completamente da carne e depois reduziu os pratos cozidos sem carne para um ou dois por semana. À medida que a criança crescia um pouco mais, estas foram substituídas por algumas batatas cozidas, consumidas ocasionalmente. Finalmente, estes também foram totalmente abandonados quando um dia a criança perguntou: "De onde é esse cheiro desagradável, mamãe?" Depois comia apenas uma fatia fina de pão integral que às vezes comia com mel e nozes, sem que a criança percebesse.* Hoje, ela vê o maravilhoso efeito da alimentação crua em seu organismo e não é surpreendente, portanto, que ela se abstém de todos os alimentos cozidos. E tudo isso foi conseguido sem muita dificuldade, uma vez que a decisão foi tomada a sério. Quando não há cheiro de comida cozida em casa, comer cru torna-se uma questão muito simples. Este é o caminho que deve ser seguido por todos aqueles pais que valorizam a saúde e amam os filhos.

§

Todos os maus hábitos e inclinações bestiais do homem são o resultado de comer cozido

Comer alimentos crus também expulsará da arena todos os outros vícios, como o alcoolismo, o tabagismo, o vício em drogas e a avareza. Esses vícios não podem acompanhar a alimentação crua, assim como o diabo não pode se aliar a um anjo. Esses vícios são satélites da dependência alimentar.

Pela vitória do consumo de alimentos crus, a paz duradoura será finalmente estabelecida no mundo e a cooperação será estabelecida entre as nações. Todos os crimes, ódio, inimizade, arrogância, ciúme e, em geral, todos os maus hábitos e

---

Naquela época, minha concepção de comer cru ainda estava em seus estágios rudimentares. Tornou-se agora claro para mim que a abstinência total de alimentos cozinhados deveria ser a regra geral desde o início, especialmente no caso de pessoas com problemas de saúde.

inclinações bestiais do homem são fruto da alimentação cozida. Pela abolição do consumo de alimentos cozinhados, as paixões dos homens acalmar-se-ão, as suas mentes serão enobrecidas e a vida tornar-se-á tão fácil que os homens já não serão obrigados a rasgar a carne uns dos outros ou a vender a sua consciência por um prato de sopa.

A concepção da dieta deve ser limitada à substituição da nutrição não natural pelo método natural de alimentação

Comer completamente cru é a única maneira de libertar a humanidade das doenças. Meias medidas nunca deram e nunca darão resultados. Nas atuais condições de alimentação cozida, todos os cálculos aceitos dos valores nutritivos de dietas específicas devem ser considerados sem importância. Não importa qual seja a doença, quando se discute a questão da dieta devemos pensar apenas em termos do cru e do cozido, do natural e do não natural, do puro e do degenerado. As recomendações feitas diariamente na rádio, nos jornais e em vários outros meios sobre a utilização de vitaminas, minerais e proteínas específicas, e a informação dada sobre os seus valores calóricos, são totalmente impraticáveis, inúteis e perigosas, especialmente quando se baseiam sobre o uso de drogas artificiais e alimentos para animais.

Ao considerarmos as propriedades de substâncias nutritivas individuais, não devemos preocupar-nos de modo algum com quais vitaminas ou outros constituintes específicos existem num determinado nutriente. É a presença invariável de todos os vários constituintes em cada bocado de alimento que deve ser obrigatória. Devemos, portanto, cuidar para que nenhum dos constituintes esteja ausente dos alimentos que consumimos. Este é o caso quando comemos qualquer alimento vegetal cru, enquanto nos alimentos cozidos eles estão ausentes aos milhares.

Durante séculos, milhares de especialistas fizeram da dietética o seu estudo particular. Mas como prestaram atenção apenas aos problemas secundários e não levaram em consideração os danos causados pelo fogo da cozinha, as suas pesquisas não produziram os resultados desejados e, pior ainda, devido às suas inúmeras contradições, foram desastrosas para a humanidade. . Mesmo os vegetarianos, que podem ser considerados os mais progressistas entre eles, não só toleraram os danos causados pelo fogo, mas também toleraram o uso de pão branco e açúcar refinado, que são desprovidos de todos os constituintes valiosos. No entanto, deve-se confessar que, na conquista dos vícios humanos, os vegetarianos percorreram o caminho mais íngreme. A medida mais difícil é a abstinência de carne, após a qual a substituição de uma dieta sem carne por alimentos crus é apenas um pequeno passo, embora seja através deste pequeno passo que devem atingir o seu objectivo final. Portanto, é de se esperar que os vegetarianos de todos os matizes de opinião aceitem os princípios da alimentação crua e se reúnam sob a mesma bandeira, a fim de lançar as bases daquela vida feliz que sempre foi o sonho da humanidade.

Como especialista em dietética, G. Hauser conquistou grande reputação na América. Mas mesmo Hauser, progressista como é em comparação com outros nutricionistas, não leva em consideração os danos causados pela culinária e, portanto, tenta restaurar os danos causados na cozinha por meio de receitas. Suponhamos por um momento que seu conselho possa servir a algum propósito útil. Mas onde está o trabalhador, o trabalhador rural ou o homem comum da rua para encontrar a taxa de mil dólares que deve pagar para obter informações sobre quanto melaço preto deve ingerir pela manhã, quanto fermento à noite? , ou quantos milhares de unidades de uma determinada vitamina ele deve engolir todos os dias?

Esta não é a abordagem correta. É necessário conhecer o mais profundamente possível o mundo inteiro sobre as matérias-primas integrais do organismo humano, mudar radicalmente os hábitos alimentares actuais e pôr fim às recomendações de dietas específicas e de vitaminas individuais.

Os homens de ciência sabem que nenhuma pessoa que se alimente exclusivamente de pão branco, arroz polido ou carne cozida pode esperar viver muito. Mas o homem comum não sabe disso. Na sua opinião, esses alimentos proporcionam uma excelente nutrição. Como podemos garantir que, sob a força das circunstâncias ou através da pressão da pobreza, um indivíduo não se alimentará tolamente a si próprio e aos seus filhos apenas com esses alimentos e não se arruinará em consequência disso? Mesmo o mais eminente cientista, familiarizado como está com todo o assunto, é incapaz de resistir ao impulso de sua ganância e come tanto dessas substâncias amaldiçoadas que se mata lenta mas seguramente, e comete suicídio muito cedo por meio de câncer ou um ataque cardíaco. Não é suficiente, portanto, meramente propagar estas ideias em livros; é necessário mobilizar os órgãos competentes do Estado para introduzir mudanças básicas e planeadas nos hábitos alimentares das pessoas. Devem ser tomadas medidas activas para limitar gradualmente o desperdício maciço de constituintes nutricionais e para encorajar o consumo de alimentos crus e imaculados. O objetivo final de todo tipo de dieta é a alimentação crua, quando a palavra "dieta" perde o sentido e dá lugar à expressão NUTRIÇÃO NATURAL ou MATÉRIAS-PRIMAS INTEGRAIS PARA A FÁBRICA HUMANA.

O uso de vitaminas e minerais artificiais
deve ser interrompido

As quantidades relativas dos constituintes nutritivos nos alimentos naturais variam muito, no sentido de que contra um miligrama de um constituinte pode haver um milésimo de miligrama de um segundo constituinte e um milionésimo de miligrama de um terço. Mas o constituinte que pesa um milionésimo de miligrama é tão essencial para a fábrica humana quanto aquele que pesa um miligrama. Agora, durante o cozimento, são precisamente aqueles constituintes que existem apenas em pequenos vestígios que são destruídos em primeiro lugar.

Pode-se perguntar por que, com matérias-primas tão defeituosas, a fábrica humana não para de funcionar imediatamente, como faria uma fábrica comum, mas continua suas operações por um longo tempo, levando assim as pessoas à conclusão errônea de que tudo o que satisfaz seu apetite é alimento. .

A verdade é que o corpo humano não é uma fábrica comum. É um mundo enorme com milhares de milhões de habitantes, inúmeras fábricas, diversas organizações, sistemas, armazéns, reservas, e assim por diante. Mesmo que não obtenha qualquer nutrição, ainda pode manter-se vivo até 70 dias, utilizando as suas reservas armazenadas.

Após entrarem no organismo, os nutrientes são distribuídos por todo o corpo humano por meio do sangue e cada uma das células recebe as substâncias adequadas à sua estrutura e especialidade. Mas as células das glândulas e dos órgãos não retiram nada dos poucos constituintes degenerados que estão presentes nos alimentos cozidos em variedades tão pequenas que podem ser contadas nos dedos. Continuam à espera, na fome e na privação, até que o seu senhor se digna a estender os dedos para servir-se de um pedaço de cebola, de verdura ou de fruta.

O homem não sente a fome das células individuais, pois, apesar da fome extrema das células glandulares e orgânicas, o seu estômago está cheio, o seu vício está satisfeito, ele próprio está contente. Mas ainda mais satisfeitas estão as células inúteis, indolentes e inativas, que devoram avidamente os "materiais de construção totalmente equilibrados" correspondentes às suas estruturas e "fortalecem e fortificam" o corpo aumentando o seu volume.

Esta é a razão pela qual com 50-60 quilogramas de células supérfluas e inúteis, a pessoa dita sã, robusta e vigorosa não possui algumas centenas de gramas de células ativas e especializadas, pelas quais uma ou outra de suas glândulas possa funcionar regularmente. e fabricar produtos impecáveis. Enquanto as glândulas e os órgãos não forem privados dos últimos restos de células ativas, o homem será capaz de prolongar de alguma forma sua existência; mas quando finalmente são gastos, a morte se torna inevitável. Então a pessoa "saciada", "robusta" e "vigorosa" morre por ter suas glândulas e órgãos desnutridos. Por exemplo, as células do coração perdem a força e a elasticidade necessárias para realizar as contrações normais. O coração tenta então salvar a situação aumentando o número de suas células, e como resultado ele fica cheio de células formadas a partir de proteínas animais e pão branco. - Mas isso não adianta, porque essas células não têm capacidade de realizar qualquer trabalho útil e não demora muito para que o órgão pare de bater completamente.

Não sabemos ao certo quantos constituintes diferentes compõem um grão de trigo ou de qualquer outro corpo vegetal. Tomemos um número hipotético e aproximado, digamos 10.000. Pelas leis mais elementares da natureza, teríamos então de raciocinar que as matérias-primas necessárias para a fábrica humana são compostas de 10.000 substâncias diferentes, e ao fornecer esses materiais é importante tomar especial cuidado para que um ou outro dos constituintes não seja ausente. Este é o sistema mais natural para garantir o funcionamento normal da fábrica humana.

Vejamos agora quão confusa é a dietética desta era da alimentação cozida. Os homens provocam a destruição em massa dessas substâncias essenciais e nutrem os seus corpos apenas com algumas variedades dos seus constituintes.

Depois de anos de pesquisa meticulosa, os biólogos descobriram que existem apenas 1.015 tipos de substâncias no queijo, na manteiga, no fígado ou no cérebro. Seria de esperar que confessassem que, como resultado do seu longo trabalho, descobriram que tais e tais alimentos consistem em apenas 10-15 tipos de substâncias degradadas, desequilibradas, venenosas, degeneradas e mortas, e que dos constituintes formando as nossas matérias-primas, faltam 9.990 variedades e, portanto, esses alimentos são tão deficientes, nocivos e perigosos que a sua utilização como nutrientes não deve ser recomendada por ninguém. Mas, em vez disso, especificam uma a uma os nomes de todas as substâncias que conseguiram encontrar nesses alimentos, descrevem detalhadamente as suas funções na nutrição e, depois de enumerar as suas propriedades, recomendam-nas como nutrientes "benéficos". Não mencionam uma palavra sobre a ausência dos milhares de constituintes nutritivos, nem falam sobre o seu papel na nutrição ou sobre os resultados desastrosos que invariavelmente se seguem à sua ausência. No entanto, essas considerações são aspectos essenciais da questão.

Deve-se ter em mente que as funções dos alimentos crus no organismo são tão variadas que, mesmo que por algum milagre o homem viesse a conhecê-las todas, uma vida inteira não seria suficiente para sua mera descrição. Devemos considerar como uma das leis elementares da nutrição o facto de nenhum constituinte nutritivo poder servir o seu verdadeiro propósito se for tomado isoladamente, separado do todo.

Quando alguém aponta, mesmo ao cientista mais famoso, que não há vestígios de quaisquer vitaminas no pão branco que ele come, ele retruca, sem a menor hesitação, que também come alimentos que contenham vitaminas. Com igual justificação, um pedreiro pode assentar os seus tijolos. o dia todo e levanta o muro sem argamassa, e depois argumenta que há momentos em que ele também usa argamassa. Tal é a cegueira causada pelo vício alimentar.

O que é o pão branco senão o amido, o açúcar, as gorduras, as proteínas e vários tipos de sais mortos – por outras palavras, apenas as cinzas sem vida de alguns dos 10.000 constituintes que constituem a nossa matéria-prima? O que é o açúcar refinado senão um dos 10.000 acima? O que é a carne senão proteínas contendo veneno e vestígios de alguns constituintes degenerados? No entanto, o homem enche o seu estômago até ao limite com estas poucas substâncias e priva os seus órgãos de milhares de nutrientes realmente essenciais. Quanto aos distúrbios resultantes que surgem em seus órgãos, pode-se ter uma ideia visitando hospitais ou examinando as ilustrações nos livros de medicina. Como poderiam ser causadas deformações, feridas e úlceras tão terríveis, senão pela ausência de nutrientes superiores?

Embora os cientistas tenham descoberto até agora apenas 40-50 tipos dos milhares de constituintes nutritivos, uma grande parte da literatura médica é dedicada à descrição dos efeitos dessas substâncias, que também constituem a base de muitas outras atividades médicas. Além disso, uma vasta rede de estabelecimentos comerciais se espalhou por todo o mundo para a fabricação e distribuição dessas substâncias.

Podemos muito bem imaginar qual será a situação se, em vez desses 40-50 constituintes, os investigadores conseguirem um dia encontrar 400 ou 500, para não falar de 4.000 ou 5.000 tipos de substâncias. O homem de hoje parece ter perdido de vista a integridade das verdadeiras matérias-primas necessárias ao seu corpo; ou eles não estão imediatamente à sua disposição ou ele considera impossível obtê-los. Então ele tem que olhar em cada canto para encontrá-los um por um, a fim de satisfazer as necessidades do seu organismo. Os cientistas pesquisadores consideram científicas apenas as substâncias cujas fórmulas são conhecidas por eles e estão impressas em livros. Como não têm conhecimento das fórmulas completas dos constituintes de um grão de trigo, não veem nele nada de científico. É uma substância "comum" que pode ser facilmente obtida, abundante em todos os lugares e conhecida por todos. Mas a questão é bem diferente quando conseguem descobrir um novo constituinte nutritivo e encontrar a sua fórmula. Torna-se então científico; a sua descoberta é saudada como um grande triunfo no campo da medicina e, além disso, introduz novo fervor e entusiasmo nas fábricas, farmácias e clínicas. E tudo isso porque o homem não quer abrir mão do pão branco.

Aconteça o que acontecer, as pessoas devem finalmente admitir que a única forma de se livrarem das doenças é primeiro limitar estritamente e depois proibir completamente a destruição em massa dos nossos constituintes nutritivos.

Para este efeito, os organismos responsáveis devem realizar uma publicidade intensiva e tomar medidas activas para evitar a destruição em massa de constituintes nutritivos. Deverão obter novas variedades de pratos a partir de misturas de alimentos crus e recomendá-los ao público, cujos hábitos alimentares sofrerão mudanças graduais. Como resultado, as doenças que agora afligem a humanidade serão progressivamente eliminadas e uma imensa economia será afectada no nosso custo de vida.

Antes de nos tornarmos consumidores de alimentos crus, a nossa família costumava consumir um quilo de pão diariamente, enquanto agora um quilo de trigo dura de oito a 10 dias. Com uma dieta de pão branco já deveria ter morrido há muito tempo, mas graças ao trigo que dá vida ainda estou vivo e tenho a certeza de que viverei pelo menos mais 40-50 anos.

A comparação entre a saúde de crianças que comem alimentos crus e cozidos é o melhor meio de confirmar os danos incorridos ao comer alimentos cozidos

Os princípios devem, em primeiro lugar, ser adoptados em creches, lares infantis, hospitais e restaurantes, e depois ser divulgados através de publicidade junto do público em geral. Com factos tão claros e irrefutáveis como os que apresentei, é de esperar que cientistas perspicazes comecem a trabalhar imediatamente. Mas se quiserem ter mais provas concretas, proponho o seguinte teste. Que os bebês de um dos lares infantis sejam divididos em dois grupos iguais, um dos quais deve ser alimentado pelos métodos médicos atuais, o outro deve ser educado pelos princípios da alimentação crua. Em seguida, compare a saúde dos dois grupos. Não tenho qualquer dúvida de que desde o início ficará claro para todo o mundo qual dos dois sistemas de nutrição é verdadeiramente científico e humanitário. Os mesmos resultados podem ser obtidos adaptando o método para a cura de pacientes hospitalares.

Muitas pessoas simplórias podem objetar ao teste alegando que é pecaminoso ou prejudicial realizar tais "experiências" em crianças. Contudo, se essas pessoas pensarem um pouco mais profundamente, verão que não se trata de uma experiência para salvaguardar a vida e a saúde de uma criança alimentando-a com a coleção completa de constituintes nutritivos puros destinados pela natureza ao organismo humano. As verdadeiras experiências são aqueles testes desumanos conduzidos sob o pretexto de ciência com algumas variedades de substâncias sintéticas ainda pouco reconhecidas em laboratório, em resultado dos quais milhões de crianças abandonam a vida ainda na infância, deixando os seus pais numa situação amarga. pesar. Experimentos são aquelas operações que prejudicam a saúde das pessoas através de 1.001 alimentos degenerados e venenos e criam novas doenças. Estas doenças são ridiculamente chamadas de doenças da civilização, sem o menor sentimento de vergonha por tal "civilização" e sem refletir que as condições que deram origem a tais doenças podem ser chamadas de ignorância, selvageria ou barbárie, mas nunca de civilização.

As instituições científicas e os órgãos estatais responsáveis devem examinar o problema da alimentação crua sem mais demora

Propus um método radical e ao mesmo tempo muito simples e natural pelo qual a humanidade será libertada de todas as doenças da terra. Esta é uma questão muito importante à qual todos os cientistas, médicos, intelectuais e organismos estatais responsáveis devem prestar atenção imediata. Eles devem provar publicamente que estou errado nas minhas opiniões e refutá-las através de experiências básicas, ou devem confirmar a sua verdade e tomar as medidas necessárias para colocá-las em prática. Em particular, caso os médicos demonstrem qualquer indiferença ou silêncio, isso pode ser interpretado pelo público em geral como um caso claro de falta de vontade da sua parte em afastar as doenças, para que o seu campo ou atuação não seja reduzido. Pessoalmente, não acredito que isto seja geralmente verdade, porque poucos seres humanos poderiam ser tão implacáveis; mas os médicos devem dar provas positivas de que têm um objectivo mais elevado e mais nobre do que ganhar dinheiro, e que o seu objectivo é, de facto, servir a ciência, servir a humanidade.

Médicos nobres, de espírito público e altruístas alcançam o seu objectivo aspirado através da aceitação da alimentação crua, enquanto médicos desumanos, egoístas e cobiçosos vêem nisso a sua perda pessoal. A alegada dificuldade de mudar costumes profundamente enraizados só pode servir como uma desculpa frágil para encobrir os mesquinhos interesses próprios das pessoas perversas. A descoberta da alimentação crua é a melhor oportunidade para distinguir o nobre do ignóbil, o bom do mau, o sábio do insensato.

Não há actividade de maior valor humanitário do que a propagação do consumo de alimentos crus. É necessário despertar toda a humanidade do seu sono secular, abrir os olhos, tirá-la da sua letargia e libertá-la do seu pesadelo actual. Os ricos devem doar o seu dinheiro para esta causa; os intelectuais, seus cérebros. É essencial formar sociedades, estabelecer clubes, publicar jornais e imprimir livros. Além disso, é necessário construir sanatórios espaçosos com todas as comodidades para descanso, diversão e desporto, e através de alguns meses de "prisão" para curar, rejuvenescer, libertar de preconceitos destrutivos, e ajudar e esclarecer essas pessoas. que não possuem a informação e a força de vontade necessárias. É muito mais útil e desejável dedicar dinheiro e energia a este propósito do que construir igrejas, estabelecer escolas e multiplicar hospitais. A alimentação crua é uma pedra de toque pela qual podemos verificar qual intelectual está realmente na posse de um julgamento livre e irrestrito, ou qual funcionário governamental responsável está de fato interessado na saúde e no bem-estar do público. É em letras douradas que a história registrará os nomes dessas pessoas.

Não é pecado falar a verdade

Algumas pessoas me acusam de ter uma língua afiada. Quando chamo os que comem cozidos de assassinos, filicidas e criminosos, não estou fazendo uma acusação; Estou apenas dizendo a verdade, por mais amarga que essa verdade possa ser. Quando uma mãe enche a boca de seu amado filho com comida quente com suas próprias mãos cuidadosas, ela prejudica os órgãos de seu bebê e o leva à doença e à morte. Quando um médico prepara uma dieta de refeições "nutritivas" e "de fácil digestão" para crianças pequenas e prescreve pílulas de vitaminas artificiais em detrimento de vegetais e frutas, ele comete uma ofensa ainda maior.

Todos os dias observo como, por uma estranha ironia do destino, os fracos e os doentes consideram curativas as mesmas substâncias que foram a causa das suas doenças e as devoram avidamente, enquanto, pelo contrário, evitam com medo a única substâncias (vegetais crus e frutas) que podem restaurá-los à saúde, apenas porque os consideram a causa de suas aflições. Milhões de vidas são sacrificadas unicamente por causa deste equívoco fatal. A pessoa que penetra em toda a profundidade da tragédia nunca poderá permanecer fria e indiferente.

Não existe barreira legal contra a destruição das matérias-primas destinadas à fábrica humana

Quando se constata um ligeiro defeito no equilíbrio das matérias-primas fornecidas à indústria de um concelho, os responsáveis são acusados de negligência e levados a tribunal, enquanto aqueles que cometem a mais hedionda adulteração das matérias-primas necessárias à o funcionamento adequado da fábrica humana muitas vezes fica impune. No atual século de avanço científico, a pessoa mais ignorante e estúpida tem o direito absoluto de procurar novos métodos de degeneração de alimentos naturais e de inventar e colocar à venda os alimentos mais ridículos. Mas o que é particularmente estranho é o facto de o grande cientista, o grande citologista, que dedicou a sua vida ao estudo das funções biológicas das células vivas, ou o dietista, cujo objectivo principal na sua vida é a elaboração do dieta ideal para o homem, compra um monte dessas substâncias degeneradas e as oferece às suas células, com a maior indiferença e descuido, guiado apenas pelos ditames do seu paladar.

À primeira vista parece inacreditável que pudéssemos nos livrar de todas as doenças através da alimentação crua. Mas a grandeza da proposição reside no próprio facto de que o "inacreditável" facilmente se torna uma realidade consumada. A dificuldade de abandonar o vício alimentar não deve ser considerada um obstáculo à realização do ideal de comer alimentos crus; pelo contrário, deve servir como medida para avaliar a força do inimigo da raça humana e deve estimular-nos a fazer todos os esforços para impedir a entrada de um monstro tão terrível no organismo da criança recém-nascida. Mesmo aquelas pessoas que têm dificuldade em abandonar elas próprias as refeições cozinhadas, e que ainda persistem nos seus hábitos nocivos, devem afirmar a verdade, e pelo bem da nova geração e do futuro da humanidade, devem lutar pela vitória dessa verdade, pregando e expondo os princípios da alimentação crua e por todos os outros meios disponíveis.

É claro que, para aquelas pessoas tacanhas e retrógradas que são irrevogavelmente tendenciosas a favor de alimentos cozinhados e de drogas, os princípios da alimentação crua são demasiado avançados, mas hoje vivemos na Idade Cósmica, e não na Idade Média. , quando toda ideia progressista ou grande invenção foi durante anos perseguida pela turba ignorante. Hoje, é a questão da sobrevivência ou da aniquilação da raça humana que se coloca diante de nós. A hesitação é desumana.

Comer crus garante benefícios imensos na economia pública e eleva diversas vezes o padrão de vida

Uma quantidade inacreditável de nutrientes é destruída no fogo e nas inúmeras formas de descascamento, refino e processamento. A título de exemplo, pode-se dizer que 100 gramas de trigo germinado têm maior valor nutritivo do que o pão branco obtido a partir de um quilograma de trigo. O mesmo se aplica a todas as outras variedades de milho, leguminosas, vegetais e frutas. Se prescindirmos hoje de todos os alimentos de origem animal, os vegetais produzidos no mundo poderão alimentar sozinhos várias vezes a população actual do mundo, desde que sejam consumidos crus. O verdadeiro significado de comer alimentos crus tornar-se-á ainda mais compreensível quando pensarmos no trabalho, no tempo e no dinheiro que as pessoas desperdiçam na destruição desses nutrientes, e depois considerarmos todas as despesas médicas incorridas tanto pelos vários ministérios da saúde e pelo público em geral, na esperança de eliminar a devastação provocada nos nossos órgãos pela destruição desses mesmos nutrientes. Estou pronto a demonstrar a veracidade das minhas declarações através de provas concretas a qualquer pessoa que deseje obter mais detalhes sobre o assunto. A história nunca perdoará as pessoas responsáveis e com autoridade que mostram indiferença neste assunto e fecham os ouvidos a estas verdades clamorosas, a fim de justificar os seus vícios pessoais.
Só pode haver duas razões para a sua recusa em aceitar os princípios da alimentação crua. Ou devem declarar que preferem tolerar a existência de doenças a "privar" a humanidade dos "prazeres" das refeições cozinhadas e renunciar à possibilidade de pôr em prática toda uma série de "conquistas científicas" alcançadas como resultado de muito trabalho ou, através da realização dos testes básicos por mim propostos, deverão provar que, longe de livrar as pessoas das doenças, o consumo de alimentos crus prejudica-as ainda mais. Isso eles acharão completamente impossível de fazer. Segue-se que eles não têm outra alternativa senão confiar no seu primeiro raciocínio, cuja extrema desumanidade é evidente para todos.
Portanto, em nome de todas as crianças inocentes, exijo que os oponentes do consumo de alimentos crus apresentem as suas objecções à imprensa, para que possam obter a resposta adequada e para que a opinião pública tenha a oportunidade de tirar as conclusões necessárias e de pronunciar a sua opinião. veredicto final e justo.

Todos devem reconhecer as matérias-primas reais e integrais do seu corpo

Cada indivíduo é o orgulhoso possuidor de uma das fábricas mais complicadas do mundo e é somente ele o responsável pelo bom funcionamento de determinada fábrica. É necessário, portanto, que ele conheça a fundo a matéria-prima real, irrepreensível e integral daquela maravilhosa fábrica.

A integridade dessas matérias-primas não é determinada pelas quantidades de proteínas, gorduras, carboidratos, vitaminas, minerais e calorias especificadas pelos biólogos atuais em seus livros didáticos de nutrição. Nem é possível determiná-lo colocando lado a lado longas listas de receitas de alimentos cozidos.

Ao longo de milhões e milhões de anos e pelos cálculos mais precisos, a nossa maravilhosa natureza reuniu as matérias-primas integrais necessárias ao organismo humano, combinou-as em perfeita harmonia e nas quantidades necessárias, deu-lhes vida e concentrou-as em vegetais. corpos na forma de células vivas. Todo o segredo da nutrição reside no fato de essas células estarem vivas ou mortas. Sob nenhuma circunstância substâncias constituídas por células mortas podem servir de matéria-prima para a fábrica humana.

O homem não deve perder o sentido de proporção e gabar-se das suas invenções para além dos limites da razão. É verdade que no estudo dos constituintes nutricionais individuais os biólogos tiveram imenso trabalho e fizeram muitas descobertas importantes, que merecem plenamente a nossa apreciação. Todas essas conquistas, contudo, só podem ser consideradas grandes em relação ao atual desenvolvimento técnico e mental do homem. Contra a sabedoria suprema da natureza, mesmo os cientistas mais eminentes, com todo o seu saber e as suas incontáveis descobertas, não têm maior perspicácia do que uma criança de cinco anos. Eles não têm o direito, portanto, de perturbar a harmonia e a integridade das matérias-primas construídas pela natureza e de impor ao público o seu conhecimento infantil como ciência perfeita.

Sem dúvida, ao tentarem penetrar nos segredos dos alimentos, o objectivo final dos cientistas é reconhecer todos os constituintes nutricionais essenciais ao organismo humano, determinar as suas quantidades relativas e integrá-los. Ou seja, desejam preparar artificialmente um grão de trigo ou de lentilha e dar-lhe vida. Mas o que o homem não conseguiu obter depois de milhares de anos de trabalho incessante, a natureza nos apresenta hoje gratuitamente. O que mais queremos? Temos alguma dúvida sobre a sabedoria do Criador ou o vício em carne incita o homem a cometer as loucuras mais inacreditáveis?

É muito insensato e perigoso supor que necessitamos de mais proteínas ou outros constituintes nutricionais do que os existentes nos corpos vegetais. Se estes últimos contêm apenas pequenas quantidades de proteínas, segue-se que o nosso corpo não precisa de mais, pois é precisamente com essas quantidades que o nosso organismo foi construído e desenvolvido ao longo de um período de milhões de séculos.

Algumas pessoas gostam muito de falar continuamente sobre materiais para musculação. Se as proteínas animais "totalmente equilibradas" e as "refeições nutritivas" pudessem aumentar a altura de cada geração em apenas um milímetro, hoje a altura do homem já teria aumentado vários metros.

As vitaminas artificiais produzidas em massa nunca podem servir como constituintes nutricionais pela razão muito óbvia de que muitas vezes, cinco minutos após a sua entrada no corpo humano, interrompem completamente as funções do nosso organismo; em outras palavras, eles nos levam à morte.

É uma miopia deplorável considerar qualquer alimento específico como fonte de uma vitamina específica ou de qualquer outro constituinte nutricional. Todos os compostos orgânicos são formados quase pelos mesmos constituintes, mas diferem nas suas propriedades físicas e químicas devido a diferenças na sua composição e estrutura molecular. Assim, todos sabem que álcoois e açúcares são compostos pelos mesmos elementos químicos (carbono, hidrogênio e oxigênio), mas diferem muito em cor, sabor e aparência. As aves são mantidas em gaiolas com um tipo de semente ou grão e os animais domésticos são frequentemente alimentados apenas com um tipo de erva. No entanto, estas criaturas obtêm todo o seu suprimento de proteínas, gorduras, vitaminas e minerais do único tipo de alimento que lhes é dado.

O tratamento de doenças por meio de falsas vitaminas, antibióticos destrutivos e vários venenos são experiências inúteis que se baseiam não em raciocínios etiológicos e básicos, mas em dados sintomáticos, aparentes e contraditórios.

Nenhuma vitamina artificial pode restaurar o maravilhoso equilíbrio das vitaminas naturais queimadas no fogo; nenhum veneno pode regular as funções biológicas normais dos órgãos e glândulas degenerados; nenhum antibiótico pode substituir os antibióticos naturais destruídos na cozinha.

Os animais curam suas feridas lambendo-as. Suas secreções e saliva são dotadas de propriedades bactericidas. As secreções de um homem que come alimentos cozidos, entretanto, são desprovidas de tais propriedades. Quem come cru afasta o perigo de um resfriado grave por meio de secreções liberadas pelos tecidos do trato respiratório, enquanto quem come cozido produz jatos de expectoração e saliva, mas ainda não é capaz de resistir ao mesmo perigo.

**A era da alimentação cozida é a era em que os vícios,
as superstições e os micróbios reinam supremos**

A medicina moderna está cercada por uma rede emaranhada de superstições vãs. Toda a actividade médica se baseia em dados sintomáticos, aparentes, enganosos e contraditórios, enquanto o princípio mais essencial e fundamental foi enterrado no esquecimento. É o fato de que O FUNCIONAMENTO EFICIENTE DE CADA FÁBRICA ESTÁ SUJEITO AO FORNECIMENTO UNIFORME DE MATÉRIAS-PRIMAS INTEGRAIS ESPECIFICADAS PELO ENGENHEIRO. Neste caso, AS MATÉRIAS-PRIMAS INTEGRAIS DA FÁBRICA HUMANA SÃO AS CÉLULAS VEGETAIS VIVAS E NADA MAIS.

Intoxicado por alguns sucessos técnicos, o homem de hoje imagina-se no auge da civilização, enquanto na realidade ele arrasta uma vida de pesadelo muito primitiva, antinatural e horrível. De modo geral, nos campos da política, da economia, da moralidade e da saúde, a mente e os sentimentos do homem são governados e as suas ações são dirigidas por vícios repugnantes e superstições vãs. Esquecendo os problemas mais essenciais e básicos da vida, os homens exageram questões bastante triviais de importância secundária e transformam-nas em questões vitais, e então desperdiçam uma imensa quantidade de tempo e recursos, criam inimizades, derramam oceanos de sangue e espalham a ruína e a destruição universais. .

Os historiadores do passado pintaram com as cores mais abomináveis os impostos e tributos cobrados pelos conquistadores estrangeiros. Ao passo que hoje, no momento em que assumem o comando do Estado, os homens que são considerados civilizados e esclarecidos usam vários pretextos legalizados para confiscar mais de 90 por cento dos rendimentos totais do seu próprio povo, a fim de satisfazer os seus vícios e ambições pessoais. Encorajam a produção de tabaco, bebidas alcoólicas e não alcoólicas, chá, cacau e café, que prejudicam a saúde das pessoas, e depois orgulham-se do aumento das receitas do governo obtidas a partir dessas fontes. O mesmo poderia acontecer com o tolo pai de família se vangloriar do seu insignificante centavo ganho à custa de uma libra desperdiçada pelos seus filhos e, o que é ainda pior, ao alto preço de minar a sua saúde.

Que as actuais sugestões e recomendações de vitaminas e minerais individuais não alcançam quaisquer resultados úteis, seja o que for que fica evidente pelo facto de que, estimulados pelo impulso do vício todo-poderoso, os hábitos nutricionais da humanidade gradualmente se desenvolvem num padrão assustador que encoraja a produção de alimentos perigosos, carentes de vitaminas e minerais. Sem o menor descanso, surgem continuamente fábricas de produção de tabaco, bebidas alcoólicas e não alcoólicas, biscoitos, doces, gelados, enchidos, conservas, pão branco, margarina e diversas outras substâncias perigosas.

Tudo isto prova que na conduta da sua vida quotidiana as pessoas são guiadas não pelo bom senso, mas pelos vícios destrutivos e pelas vãs superstições específicas dos cozinhados. comendo a humanidade. Existem neste mundo numerosos partidos políticos, seitas religiosas e outros grupos que se preocupam com questões triviais e secundárias de interesse estritamente limitado. Doravante, o dever primário do homem civilizado deveria ser o de travar uma campanha urgente e decisiva contra vícios e superstições de todo tipo. Este é o único meio básico pelo qual o homem conseguirá alcançar aquela vida abundante, pacífica, confortável, saudável, longa e feliz que sempre aspirou.

A prova concreta está diante dos meus olhos. Através da alimentação crua não só salvei a minha vida, mas também me libertei de todas aquelas doenças que costumavam me atormentar continuamente e afastei completamente de mim aquele espectro assustador da morte prematura. Aos 61 anos, quando os que comem cozidos param de trabalhar e se aposentam, recuperei a saúde, a força, o vigor e a energia de um jovem de 25 anos. Durante meses a fio, trabalho 16 horas por dia, sem experimentar o menor sensação de cansaço. Estou bastante confiante de que viverei novamente toda a vida de um comedor de comida cozida.

Tem sido dito muitas vezes que o homem deve comer para viver e não viver para comer. Agora chegou a hora de provar quem são aqueles que consideram a alimentação um meio para um fim e não um fim em si. Que essas pessoas sigam o meu exemplo, entrem na arena, unam as mãos numa causa comum, lutem contra todos os vícios humanos e abram o caminho para uma vida nova e feliz para toda a humanidade.

Os assuntos discutidos neste livro não são questões especializadas que devam ser discutidas a portas fechadas. São assuntos que dizem respeito à humanidade como um todo e devem ser considerados publicamente para que todos possam reconhecer a verdadeira matéria-prima do seu corpo.

É dever de todas as pessoas que estão interessadas na sua saúde e na saúde dos seus filhos levantar a voz e exigir que aqueles que se opõem aos princípios da alimentação crua apresentem as suas críticas à imprensa, para que eu possa ter a oportunidade de lhes dar respostas adequadas e, assim, dissipar o cepticismo do público em geral relativamente à doutrina da alimentação crua.

Apêndice

Os leitores dos meus livros sobre alimentação crua muitas vezes recorrem a mim pessoalmente e por escrito e pedem detalhes de uma dieta especial de alimentação crua. Agora, quem come cru não tem um programa específico para as refeições da manhã, do meio-dia ou da noite. Ele come quando quer, o que lhe apetece e tanto quanto o seu apetite exige. Mas porque os que comem alimentos cozidos, estando habituados a horários e leis especiais de alimentação, desejam ver também o sistema de alimentação crua regulamentado sob certas regras, que assim seja. Não há nenhum dano particular nisso.

É claro que está além da capacidade de uma única pessoa elaborar receitas detalhadas e planejar vários menus para incluir um grande número de novos pratos. A inumerável variedade de pratos cozidos e alimentos degenerados que vemos hoje foi desenvolvida gradualmente, ao longo de milhares de anos e pelos esforços de milhares de pessoas. Quando as pessoas estiverem finalmente convencidas de que o modo mais sensato de alimentação é o consumo de alimentos crus, muitos tipos de pratos saborosos surgirão, por assim dizer, da noite para o dia.

Desde que dedique algumas semanas do tempo que normalmente dedica à cozinha, cada dona de casa poderá elaborar, de acordo com o seu gosto, uma grande variedade de novos pratos maravilhosos, através da mistura dos numerosos alimentos crus à nossa disposição; e ao fazê-lo, ao mesmo tempo enriquecerá o cardápio geral. Tomemos como exemplo a nossa própria família.

Após uma série de tentativas, cheguei à conclusão de que alimentos como grãos, leguminosas, batatas, berinjelas e tutanos, cujo consumo cru é considerado impossível pelos viciados em comida, podem ser misturados em várias quantidades para formar saladas saborosas que agradem. até mesmo o viciado em carne mais convicto.

Mergulhamos trigo, lentilha, grão de bico, feijão, etc. em bastante água. Quando começarem a brotar em um ou dois dias, nós os enxaguamos com água doce. Depois escoamos essa água, tapamos a panela com uma tampa e colocamos em local fresco. Nessas condições, podem ser consumidos por três ou quatro dias. Também podem ser consumidos com passas, nozes, tâmaras, mel e muitos outros alimentos ou podem ser misturados com saladas diversas.

Quando queremos preparar salada, passamos trigo, lentilha, etc. por uma picadora e ralamos batatas e cenouras num ralador fino; depois cortamos pepinos, tomates e cebolas em fatias finas com uma faca e ralamos pimentão verde e vários tipos de vegetais verdes.

Agora misturamos tudo e adicionamos azeite, suco de limão fresco e um pouco de água. Também se pode adicionar nozes, passas, tâmaras e assim por diante. As quantidades relativas dos ingredientes dependem do gosto individual. No verão é agradável comer essas saladas geladas.

Tomando como base o método de preparo desta salada, é possível preparar uma grande variedade de saladas em diferentes sabores e aparências utilizando todos os tipos de verduras e vários outros vegetais, como espinafre, alface, berinjela, beterraba e, em geral , o que quer que as nossas hortas forneçam, mas os componentes essenciais da salada são grãos, leguminosas e batatas.

Esta salada deve tornar-se o alimento básico de toda a humanidade. Este alimento, que é o alimento mais completo tanto para os ricos como para os pobres, tem as vantagens de ser benéfico para a saúde, fortificante, satisfatório, nutritivo e barato. É um prato que contém todos os fatores essenciais para uma vida longa e saudável. É uma receita contra todas as doenças. Um prato desta refeição, junto com um pouco de fruta adicional, é suficiente para satisfazer as necessidades diárias de um homem e, ao mesmo tempo, proporcionar-lhe a melhor proteção contra todo tipo de doença.

Levando em consideração a relativa escassez de certas variedades de frutas que são escassas no inverno, algumas pessoas pensam que o consumo de alimentos crus será bastante caro nessa época. Eles imaginam que quem come cru deve se alimentar apenas de frutas frescas durante todo o ano. Isto, com certeza, não é verdade. Há pessoas que terminam uma refeição farta com uma generosa quantidade de fruta. Se essas pessoas comerem aquela fruta com apenas uma porção do pão que normalmente consomem (mas na forma crua de trigo, é claro), ficarão plenamente satisfeitas. Desta forma, eles serão poupados tanto das despesas quanto do trabalho de preparar refeições cozidas, chá, doces e todos os tipos de outros alimentos degenerados.

Existem certos alimentos, como o trigo, as nozes, o mel e as raízes, que são encontrados em todas as estações do ano, com apenas ligeiras flutuações nos seus preços. Além disso, pode-se aproveitar frutas frescas na estação; assim, quando as amoras são abundantes, podemos nos alimentar principalmente de amoras e, portanto, de uvas e outras frutas.

Durante o inverno muitos tipos de frutas secas naturalmente podem ser mergulhadas em água fria, transformadas em compotas cruas e saboreadas com muito prazer. A esta compota podemos adicionar alguns frutos secos, pistácios, trigo germinado, cardamomo ou baunilha em pó, mel, etc. A compota crua é o alimento mais económico e ao mesmo tempo o mais agradável no inverno.

Além de comer nozes, amêndoas, pistácios e avelãs no seu estado natural, misturados com outros frutos secos, podemos também moê-los e utilizá-los de diversas outras formas, ou podemos misturá-los com mistura de vegetais crus ou compotas diversas. A confecção mais deliciosa de quem come cru é a "halva" ou doce de nozes, amêndoas ou pistache. Estes são triturados, amassados com mel puro, temperados a gosto com cardamomo, baunilha ou açafrão e cortados em quadradinhos. Este doce é consumido com o maior sabor com vários vegetais verdes. Pode ser colocado numa folha de alface e comido como uma espécie de sanduíche. Na alimentação de quem come cru, um lugar muito especial é ocupado pelo mel, que deve ser consumido preferencialmente com cera. O mel diluído em água e misturado com suco de limão fresco é a melhor bebida que se pode dar às crianças.

Concluindo, é novamente necessário lembrar ao leitor uma circunstância muito importante que deve ser sempre lembrada. No período inicial do consumo de alimentos crus, os viciados em alimentos crus podem experimentar diversas formas de desconforto, que podem deixar a impressão de que os alimentos crus são prejudiciais para eles e que os enfraquecem ou os deixam doentes. Deve-se lembrar que todas as concepções errôneas e desastrosas existentes em dietética têm sua origem nessas impressões aparentes e contraditórias. Os sintomas externos, portanto, nunca devem servir de desculpa para deixar o trabalho pela metade. É necessário aguardar os resultados finais, que podem demorar algumas semanas ou meses. Mas se os alimentos cozidos são por vezes misturados com nutrientes crus, esses resultados podem demorar muito ou podem até tornar-se imperceptíveis.

Os novos recrutas para a alimentação crua devem estar absolutamente convencidos de que todos os seus desconfortos nada mais são do que reações curativas e que, pela resistência que lhes é demonstrada, serão capazes de libertar-se de todas as doenças conhecidas e desconhecidas.

O mais duradouro desses desconfortos é, obviamente, o desejo por comida cozida. Deve-se ter sempre em mente, porém, que os impulsos da "fome" sentida nessas circunstâncias são estimulados não pelas células normais ou sãs, mas pelas células degeneradas, inúteis e inativas e pelos venenos acumulados no corpo; em outras palavras, pela própria doença que devasta o organismo. Portanto, é precisamente suportando e resistindo a esse sentimento de "fome" que seremos capazes de eliminar esses venenos, livrar-nos da presença de células inúteis, construir o complemento necessário de células ativas e garantir de uma vez por todas as bênçãos da boa saúde. Cada hora de suportar essa "fome" é uma vitória na nossa luta contra as doenças.

Teerã, 1963

PARTE DOIS
A Construção do Organismo Humano

Os assuntos que discuto neste livro não são problemas especializados. São questões que tocam a humanidade como um todo. Afetam todos aqueles que têm corpo e vivem; dizem respeito a todos aqueles que têm boca e comem. É por isso que tento sempre escrever numa linguagem tão simples quanto possível, baseando as minhas conclusões em dados e argumentos gerais, sem obstruir a minha escrita com detalhes científicos e terminologia indigesta que estão além da compreensão da maioria dos meus leitores. Nos meus argumentos, não me baseio numa multiplicidade de dados aparentes e contraditórios obtidos em laboratório por meios imperfeitos ou, pior ainda, em quaisquer suposições erradas baseadas em tais dados. As provas que apresento são as leis irrefutáveis da natureza e as conclusões gerais obtidas pela experiência básica, e que cada indivíduo em todos os cantos do mundo pode prontamente testar e verificar por si mesmo.

Na realidade, a concepção de comer cru é tão simples que pode ser resumida em duas frases simples: o criador do corpo do homem também criou as matérias-primas correspondentes; desde que entreguemos essas matérias-primas ao corpo na sua totalidade, sem as alterar, o organismo humano completará toda a sua vida sem sucumbir a quaisquer doenças.

Qualquer pessoa que seja suficientemente lúcida para compreender o verdadeiro significado dessas duas frases e para lhe dar a necessária reflexão e reflexão pode facilmente discernir em que estado deplorável se encontra o sistema nutricional do homem de hoje. Ele também pode ver com igual facilidade que, no campo do combate às doenças humanas, durante séculos passados, os homens recorreram a meios que são ao mesmo tempo equivocados e perigosos e, além disso, todos esses meios têm muito pouca ligação com as causas fundamentais das doenças. .

Depois de anos de estudo cuidadoso e de experiência pessoal básica, hoje não tenho dúvidas de que o sistema natural de nutrição não só liberta a humanidade de todos os tipos de doenças, mas também proporciona a cada ser humano uma vida maravilhosamente longa, cheia de paz, felicidade e conforto.

A vida do homem de hoje é um terrível pesadelo, assombrado por inúmeros pecados, vícios e vícios. Na verdade, seria necessário preencher milhares de volumes para descrever plenamente todos os vícios do ser humano, enumerar detalhadamente os seus hábitos errôneos de alimentação, apontar minuciosamente a corrupção viciosa dos seus costumes e, finalmente, indicar um por um dos vários meios equivocados de combater esses males. Mas o principal problema que temos diante de nós é que cada homem saiba claramente como as doenças nascem e qual é o método radical para erradicar essas doenças de uma vez por todas.

Em primeiro lugar, é preciso saber como é construído o nosso organismo e o que é nutrição.

Como sabemos, a vida apareceu pela primeira vez no nosso planeta na forma de organismos unicelulares. Mais tarde, esses corpos unicelulares individuais cooperaram entre si para formar vários agrupamentos e dar origem a organismos multicelulares. A cooperação inicial de algumas células ao longo do tempo desenvolve-se a tal ponto que dá origem a uma criatura viva com muitos bilhões de células, entre as quais o homem é o exemplo mais desenvolvido e mais perfeito.

Cada célula individual é um organismo complexo em si, mas tais organismos têm suas diferentes características.

estágios de desenvolvimento. Os organismos unicelulares mais primitivos eram amebas da estrutura mais elementar, que se moviam na água sem qualquer propósito aparente. Suas únicas funções eram procurar comida, comer, digerir e multiplicar-se pelo simples processo de se dividirem em dois. Eles tinham seus órgãos digestivos rudimentares, que se desenvolveram gradualmente com o passar do tempo. Numa fase posterior de desenvolvimento, essas células agruparam-se para formar organismos multicelulares. Por outras palavras, abandonando a sua vida sem objectivo de individualismo desapegado, passam para uma vida de cooperação comunitária, onde cada célula tem uma função particular a desempenhar no padrão agregado de actividades colectivas.

Compare a vida individualista do homem primordial, antes mesmo que ele pudesse falar adequadamente, com a vida comunitária de uma grande nação de hoje, onde grupos separados de homens trabalham em estabelecimentos e instituições de construção, industriais, científicos, administrativos e vários outros. Mas mesmo na nossa sociedade avançada de hoje podemos encontrar personagens inúteis, estúpidos, parasitas e criminosos que lembram os nossos antepassados preguiçosos dos dias primitivos. No entanto, tais criaturas vivem lado a lado com homens de talento e gênio extraordinários.

O mesmo se aplica ao corpo humano, onde células parasitas inúteis continuam a sua existência preguiçosa ao lado de células extremamente úteis num estágio mais avançado de desenvolvimento, perfeição e especialização. O corpo humano também, como um grande Estado, tem suas diversas organizações e estabelecimentos, que são chamados de glândulas, órgãos, sistemas e assim por diante. Esses órgãos e sistemas desempenham as suas funções pelos esforços simultâneos de grupos específicos de células especializadas. É interessante notar que, ao contrário dos homens, estas células especializadas não desempenham as suas funções específicas com a ajuda de instrumentos e equipamentos especiais construídos no exterior; antes, cada um deles se converte, através de toda a sua estrutura, em uma fábrica altamente complexa. Assim, as células que formam os rins são dotadas de equipamentos especiais de drenagem e filtragem, por meio dos quais se separam do sangue e expelem com a urina as impurezas e venenos prejudiciais ao organismo; as células das glândulas retiram do fluido intercelular as matérias-primas necessárias (das quais não há vestígios nos alimentos cozidos) e, convertendo-as em hormônios, entregam-nas ao corpo; as células dos músculos possuem um poder contrátil especial que lhes permite realizar movimentos corporais e realizar trabalhos mecânicos pesados; finalmente, as células nervosas são armadas com metros de fibras por meio das quais os comandos do cérebro são transmitidos a todo o corpo. Assim, cada uma das células que formam o corpo humano é uma fábrica complicada de uma estrutura particular que difere em suas funções das de seus vizinhos, começando pelas células das unhas, cabelos, ossos, músculos e glândulas até as células do cérebro.

Sem dúvida, teria sido muito interessante ter um conhecimento completo da estrutura das células e da natureza de todas as atividades e processos que nelas ocorrem. Mas mesmo que por algum milagre o homem pudesse penetrar em todos os segredos ocultos das células e nas suas múltiplas funções, seria necessário preencher não apenas milhares, mas milhões de volumes para descrevê-los, enquanto cada um de nós precisaria de uma dúzia de vidas para obter apenas uma visão superficial de tudo o que foi escrito.

Ao contrário das afirmações pretensiosas de alguns fanfarrões arrogantes, o homem tem muito pouca informação sobre todos estes assuntos. A cada avanço em seus estudos, ele deveria estar cada vez mais convencido de que o conhecimento que fora capaz de adquirir era uma parte infinitesimal do que ainda lhe estava oculto. No entanto, embriagado por alguns sucessos técnicos, o homem de hoje imagina-se no auge da perfeição científica e, sem qualquer impedimento ou impedimento, mexe à vontade com esse milagre dos milagres, o organismo humano. Na verdade, ele é tão ingenuamente presunçoso que, por meio dos mais terríveis artifícios e de venenos ainda mais terríveis, ele empreende EXPERIÊNCIAS desesperadamente insanas para remediar os distúrbios que surgiram naquele organismo. Pois de fato, nada foi feito até agora por EXPERIMENTOS, EXPERIMENTOS E AINDA MAIS EXPERIMENTOS. Além disso, ele faz essas experiências não apenas em animais mudos e indefesos, mas também em seu próprio corpo, em seus filhos amados, em toda a humanidade. ELE NÃO VÊ NENHUM OUTRO MEIO DE ATINGIR SEU OBJETIVO.

Mas devemos sempre ter em vista um fato irrefutável: um homem que não tenha conhecimento adequado do funcionamento de um relógio comum nunca deveria tentar consertá-lo, por medo de desordenar todo o mecanismo por um simples movimento errado do ponteiro. As experiências feitas no organismo humano pelos cientistas de hoje podem ser comparadas à ação insensata do operário que, tendo trabalhado durante alguns dias numa fábrica atômica, tenta desmontar seu maquinário e montá-lo novamente

No caso de uma doença aguda, o curador é sempre a natureza, mas a cura é atribuída à eficácia dos medicamentos, enquanto nos numerosos casos em que a doença toma um curso fatal como resultado direto da administração de medicamentos, a morte é sempre atribuída. ao curso natural da doença. Deve-se ressaltar que nas doenças crônicas os medicamentos, via de regra, agravam o quadro e prejudicam o organismo.

Então, o que um homem deve fazer quando seus órgãos começam a funcionar irregularmente? Existe alguém no mundo que conheça todos os detalhes do organismo humano da mesma forma que um engenheiro conhece os detalhes de todos os diferentes componentes de sua fábrica, até o último parafuso? Claro que não. Como disse acima, a reparação de qualquer mecanismo só pode ser confiada ao especialista que tenha a habilidade e a capacidade de separar todas as peças de uma determinada máquina e montá-las novamente. Mas quão longe está o homem de alcançar este objectivo no caso do seu próprio corpo!

O que, então, o homem deve fazer nessas circunstâncias? Deve ele cruzar os braços e resignar-se aos caprichos inconstantes de seu destino, ou deve levar a calamidade ao auge pela invenção contínua de novos venenos e pelas experiências insanas realizadas com eles? Nem um nem outro. Existe, felizmente, um método radical, imediato e extremamente fácil pelo qual o homem pode libertar-se de todas as doenças.

Quando um engenheiro constrói uma fábrica, por meio de cálculos matemáticos ele determina a qualidade e a quantidade de todas as matérias-primas necessárias para aquela fábrica, bem como os cuidados que devem ser tomados na operação e manutenção de seu maquinário. Ele então garante a vida operacional de determinada fábrica, desde que suas instruções sejam executadas com cuidado.

Assim como toda fábrica certamente teve seu construtor, o organismo de todos os animais, inclusive o do próprio homem, foi criado por um engenheiro após o mais ínfimo dos cálculos. E porque o corpo humano, por enquanto, é uma fábrica extremamente complicada, ou melhor, um mundo incrível de fábricas e sistemas, o seu engenheiro deve ser um ser maravilhoso de talento extraordinário e sabedoria suprema.

Portanto, se pudéssemos encontrar esse engenheiro ou, pelo menos, se conseguíssemos obter o livro de leis prescrito por ele e viver de acordo com seus preceitos, sem dúvida seríamos capazes de completar nossa vida normal sem perder a saúde. Além disso, não deveríamos mais ser obrigados a realizar experiências insensatas em nossos corpos com diversas substâncias venenosas e depois admirar seus efeitos mágicos.

Vejamos agora quem é o engenheiro que construiu nosso corpo. Esse ser engenhoso, sábio, todo-poderoso e prodigioso não está ausente, Ele está aqui, diante dos nossos olhos. A ciência o chamou de NATUREZA, enquanto a humanidade como um todo o chama de DEUS.

O que é nutrição?

Assim como todo engenheiro faz cálculos detalhados para especificar as matérias-primas essenciais para a fábrica que projetou, também, por meio de cálculos mais precisos, nossa maravilhosa Natureza desenvolveu as matérias-primas necessárias tanto para o homem como para todas as outras criaturas vivas.

Quando queremos construir uma fábrica comum, primeiro construímos um edifício adequado, depois colocamos nele toda a maquinaria e o dínamo necessários e, finalmente, para que a fábrica possa iniciar a produção, fornecemos-lhe o combustível necessário. e matérias-primas. Ora, como o organismo humano tem uma construção extremamente complexa, as suas matérias-primas são de natureza correspondentemente complexa, constituídas por numerosas substâncias.

A natureza realizou um trabalho estupendo nessa direção. Em primeiro lugar, para a estrutura simples das células preparou materiais de construção simples, que variam de acordo com o tipo de células. Assim, as células do cabelo exigem um tipo particular de material de construção, as das unhas, outro tipo. O mesmo se aplica às células dos músculos, glândulas, nervos e assim por diante. Mas células de estrutura tão simples ainda não têm utilidade; cada um deles deve agora ser dotado do equipamento adequado correspondente à sua função específica, para a qual são necessários ainda mais materiais de construção. Por fim, é necessário fornecer energia a essas células e fornecer as matérias-primas necessárias ao funcionamento produtivo das glândulas.

Pela sua providência infalível, a Natureza, o nosso Criador, o nosso Deus, reuniu todos esses materiais, cujo número chega a dezenas de milhares. Cada um desses materiais tem sua quantidade precisa. Assim, de um tipo de substância podemos precisar de mil gramas, de outro tipo apenas de um grama, de um terço apenas um milésimo de grama. Esta é a regra operativa em todas as fábricas. É fundamental que esses materiais estejam sempre à disposição das células nas quantidades pré-determinadas. Em particular, deve ser tomado especial cuidado para garantir que nenhum deles esteja ausente da coleção agregada.

Cada pessoa, instruída e simples, rica e pobre, é o único possuidor de seu próprio corpo e o único diretor responsável por esse mundo milagroso de fábricas maravilhosas. Se cada indivíduo reunisse todos esses milhares de substâncias, uma por uma, e se familiarizasse com as suas diversas propriedades, a fim de operar a sua própria fábrica, seria obrigado a estudar durante alguns séculos antes de poder vir ao mundo. Ele está, portanto, sob a necessidade de adquirir de algum lugar todos esses materiais em sua integridade, em proporções quantitativas corretas e em um estado inteiramente adequado para uso imediato.

É interessante notar que todas as criaturas vivas nesta terra, desde uma formiga ou um pardal até ao elefante, reconhecem essa recolha agregada e fazem pleno uso dela para as suas necessidades nutricionais. Paradoxalmente, desde os primórdios da civilização, só o homem, enquanto excepção solitária em todo o mundo, perdeu o juízo e perdeu completamente de vista a integridade dos próprios materiais que são indispensáveis ao seu próprio bem-estar. . É por isso que ele trabalha dia e noite em seus laboratórios e oficinas de pesquisa, realiza todos os tipos de testes e experimentos, descobre materiais semelhantes um por um, fabrica-os rapidamente em suas fábricas, inventa nomes estranhos para eles, enche-os em caixas e garrafas. , e os dispersa por todo o mundo, para que as pessoas possam engoli-los e não ficarem com fome. E tudo isso eles chamam de ciência.

Sem perceberem o que estão a fazer, os cientistas entraram na arena desafiando a Natureza, desafiando o seu Deus. Cegos pelos vícios, esses homens são incapazes de ver que, ao longo de milhões e milhões de anos e pelos cálculos mais precisos, a nossa Mãe Natureza, na sua Providência, reuniu, concentrou-se em corpos vegetais e encheu o mundo inteiro com aqueles nutrientes tão nutritivos. constituintes que apenas agora começaram a reconhecer, um por um.

Todos os organismos vivos do mundo descendem dos mesmos ancestrais, mas com o passar do tempo tomaram direções evolutivas diferentes. As diferenças anatômicas e fisiológicas entre o homem e os animais que atingiram um estágio elevado de desenvolvimento são fundamentalmente muito pequenas. A diferença mais importante está no desenvolvimento das cordas vocais e dos dedos do homem, pelo que, ao contrário de outros animais, ele é capaz de falar e realizar delicadas operações manuais.

Assim como o homem, esses animais também têm coração, pulmões, fígado, rins, sangue, carne, ossos, cérebro e assim por diante. Seus órgãos exigem exatamente os mesmos constituintes nutritivos que os órgãos do homem. O maior erro cometido pelo biólogo pesquisador foi desperdiçar muito tempo e esforço na investigação de problemas inteiramente secundários, insignificantes e contraditórios, com os quais ele obstruiu seu cérebro e confundiu sua mente, em vez de confiar em tais fatos e dados gerais. que estão à sua disposição e baseando os seus conhecimentos nos resultados obtidos em experiências essencialmente fundamentais.

Devemos observar que quando um animal arranca uma folha "mesquinha" de uma árvore da floresta, ele satisfaz todas as necessidades do seu organismo com o consumo daquela "simples" folha. Nessa única folha a natureza concentrou todas as substâncias necessárias para construir novas células no corpo daquele animal, para diferenciar essas células, para nutri-las e dar-lhes energia e, finalmente, para fornecer as matérias-primas essenciais para as glândulas. Em suma, essa folha contém as matérias-primas equilibradas destinadas pela nossa clarividente Natureza ao organismo animal. Essa folha é o NUTRIMENTO adequado para um animal.

Todas as variedades de corpos vegetais crus consistem essencialmente nos mesmos constituintes

Se o animal acima mencionado, incapaz de encontrar algo para comer além daquela folha, for obrigado a subsistir com aquele tipo de alimento durante meses ou anos a fio, o seu organismo não sentirá qualquer deficiência de vitaminas ou outros constituintes nutritivos. Não faz diferença se em vez da folha da árvore tiver à sua disposição algum outro corpo vegetal. O importante é o fato de que os alimentos que consome são NATURAIS E INTACTOS.

Quando colocamos uma medida de forragem na frente de um cavalo ou de um burro, nunca nos preocupamos com a ideia de que a quantidade de proteínas ou vitaminas possa ser insuficiente para o animal, embora saibamos muito bem que também os animais, tal como os homens, necessitam de todos os recursos necessários. tipos de vitaminas, minerais e outros constituintes nutritivos.

Todos podem ver claramente que a escolha de alimentos à disposição dos milhares de diferentes tipos de animais é tão limitada que eles nunca têm a oportunidade de escolher o que preferem comer. Eles são obrigados a viver das poucas variedades de alimentos comuns que estão disponíveis na sua vizinhança imediata. No entanto, não conseguimos encontrar um único caso de avitaminose ou qualquer outra deficiência nutricional entre eles.

Se você levar os alimentos consumidos por esses animais aos laboratórios dos biólogos, em cada um deles eles encontrarão diversas substâncias de qualidades e quantidades variadas. Eles então lhe dirão que em uma determinada planta há muita proteína, muita gordura e muita vitamina ou outra. Assim, em cada planta eles enumerarão cerca de 10 a 15 constituintes que conseguiram encontrar e determinarão cuidadosamente suas quantidades, um por um. Mesmo nas frutas mais ricas, o número de constituintes que conseguiram descobrir foi estritamente limitado. Na realidade, isto não prova que cada um desses alimentos consiste apenas na dúzia ou mais de constituintes por eles encontrados; pelo contrário, é uma indicação de que a sua habilidade técnica e os seus recursos são bastante inadequados para analisar completamente e determinar qualitativa e quantitativamente todos os constituintes que se reuniram no laboratório da natureza para dar origem a um determinado corpo vegetal. Significa que num determinado alimento foram capazes de descobrir apenas aqueles poucos tipos de constituintes; o resto permaneceu escondido deles.

A principal razão para isso é o fato de que as substâncias descobertas pelos biólogos não são os constituintes primários desses corpos vegetais, mas são compostos que aparecem em diferentes formas em diferentes corpos vegetais. Ao entrar no corpo do animal, esses compostos são decompostos e sintetizados novamente, processo durante o qual se formam novos compostos correspondentes às necessidades do organismo.

TODOS OS CORPOS VEGETAIS CONSUMIDOS PELOS ANIMAIS CONSISTEM NOS MESMOS CONSTITUINTES BÁSICOS. Fundamentalmente, todos os corpos vegetais consistem em três classes principais de substâncias. Um deles é a água, que todos nós conhecemos. Sabemos que não podemos viver sem água e podemos muito bem lembrar que a fonte de água mais pura e segura que conhecemos é aquela encontrada nos corpos vegetais. Em seguida, vem o volumoso. Esta é a substância que constitui a estrutura dos corpos vegetais, conferindo-lhes forma e firmeza. Os alimentos grosseiros não são decompostos e assimilados nos órgãos animais; é expelido do corpo na forma de fezes. É, no entanto, um constituinte essencial da dieta animal. Se não houvesse forragem e o alimento consumido pelo animal fosse completamente decomposto e assimilado, os intestinos não teriam nada para expelir e, com o passar do tempo, murchariam e secariam. No entanto, é estranho dizer que muitas pessoas são tão míopes que, considerando os alimentos grosseiros como "indigestíveis", removem-nos deliberadamente dos seus alimentos, o que faz com que quase toda a humanidade sofra de prisão de ventre. Em outras palavras, a principal causa da constipação é a ausência de alimentos grosseiros na dieta. Mas voltando ao assunto em discussão, a última das três classes de substâncias dos corpos vegetais é o próprio nutriente, que é totalmente digerido e assimilado pelo organismo.

As diferenças essenciais entre os diversos corpos vegetais surgem de variações nas quantidades relativas dessas três classes de substâncias. Assim, a principal diferença entre o capim comum e a fruta é que no primeiro predomina o volumoso, enquanto o fruto consiste em apenas uma quantidade moderada de volumoso, com abundância de nutrientes concentrados e quantidade adequada de água. Devido à estrutura especial de seus órgãos digestivos e à sua faculdade de ruminação, os quadrúpedes são capazes de esmagar e moer a grama, extrair os nutrientes nela escassamente dispersos e expulsar o resto de seus corpos. É assim que certos animais conseguem se alimentar do feno seco ou da palha; o camelo é capaz de sustentar a vida nos cardos do deserto e o burro na grama mais áspera.

Disto podemos tirar a importante conclusão de que todos os corpos vegetais contêm os nutrientes necessários à sustentação dos organismos animais, apenas em alguns vegetais eles aparecem de forma dispersa, em outros são altamente concentrados. Entre os alimentos naturais os corpos vegetais mais nutritivos são as nozes, amêndoas, grãos, leguminosas, batatas, cenouras, bananas, uvas e todas as outras frutas, depois das quais vêm as demais raízes, ervas e verduras; por outras palavras, os mesmos alimentos que o homem arrancou da boca dos animais e se apropriou. No entanto, sempre que a questão da alimentação crua surge em discussão, esse mesmo homem retruca descaradamente: "Como posso me alimentar sem comida cozida?" Não se pode encontrar uma expressão mais vergonhosa no mundo, mas infelizmente o vício alimentar cegou de tal forma a humanidade que é, de facto, a resposta habitual da maioria das pessoas. Aqueles que não têm a experiência necessária não estão em posição de perceber quão ricas e nutritivas são essas substâncias e quão pequena é a quantidade necessária para satisfazer as nossas necessidades diárias. No meu caso, levei anos para chegar à verdade. Mas falarei mais sobre isso

mais tarde. Aqueles constituintes nutritivos encontrados em estado concentrado no fruto de uma árvore também são encontrados esparsamente em suas folhas, cascas e galhos. Um animal gigante como a girafa se alimenta das folhas das árvores. Quando um pequeno botão de uma árvore é enxertado em outra árvore, ele lança galhos e eventualmente dá o fruto correspondente. Esta é uma indicação clara de que o botão contém todos os constituintes elementares essenciais para a formação de um determinado fruta. Agora, quais são esses constituintes elementares? Eles são os átomos, que podem ser considerados como a menor partícula quimicamente indivisível de um elemento que pode participar de uma mudança química, e as moléculas, que são as menores partículas de um elemento ou composto que normalmente podem levar uma existência separada. Todas as plantas comestíveis consistem quase nos mesmos elementos, pelas diferentes proporções e arranjos dos quais se formam vários compostos, diferindo uns dos outros na forma, cor e sabor. Além disso, o cravo e a ovelha são exatamente iguais. Ao ser introduzido no estômago da ovelha, o cravo muda sua estrutura molecular e se transforma em ovelha. Existe uma correspondência semelhante entre a fruta e o homem.

Toda a vida vegetal e animal nada mais é do que um eterno intercâmbio e circulação de átomos. É aqui que a grande maravilha e a natureza se afirmam. Jogamos no chão um grão minúsculo, do tamanho da cabeça de um alfinete. Depois de alguns, ela brota lentamente, depois brota galhos e folhas e, no devido tempo, dá frutos. Mais tarde, ele se transforma em uma vaca, um cavalo ou um homem que vaga por este mundo por um tempo e depois devolve seus átomos à terra. Lá, sob a influência vivificante da luz solar, esses mesmos átomos são revividos novamente, uma nova vida é soprada neles e eles são transformados mais uma vez nas mesmas plantas e animais, para repetir o ciclo eterno da criação indefinidamente.

Mas para que possa dar à luz um organismo vivo, o corpo vegetal deve estar completo e VIVO. Além disso, não é de modo algum suficiente que o alimento seja meramente vivo; a nutrição vegetal perfeita deve estar ATIVA e NÃO DORME.

A longa experiência nos mostrou que as aves de gaiola não se satisfazem apenas com sementes secas. Com suas sementes secas, eles também exigem alimentos frescos. A variedade específica dessas sementes ou dos alimentos frescos não é muito importante. A nutrição perfeita pode ser obtida escolhendo uma certa variedade de semente ou grão e complementando-a com qualquer tipo de fruta ou vegetal fresco.

Este facto leva-nos à importante conclusão de que o alimento mais perfeito deixa de ser perfeito depois de secar um pouco. Então, como podemos considerar como alimento aquelas substâncias que saem dos fornos, das cozinhas e das mandíbulas das máquinas que rugem?

No entanto, os organismos animais não sofrem danos graves quando são privados de alimentos frescos durante os poucos meses de inverno. Pois eles compensam a deficiência durante a primavera e o verão, quando toda a natureza volta à vida. A natureza os habituou a esse modo de vida. As sementes secas, os cereais e as leguminosas são, de facto, alimentos vivos, mas encontram-se num estado inerte e dormente. Felizmente, eles podem ser facilmente despertados, ativados e transformados em nutrientes perfeitos ao serem embebidos em água e mantidos ao ar livre por um ou dois dias. Portanto, através do consumo apenas de grãos germinados (ativados) o ser humano tem a oportunidade de garantir uma nutrição perfeita em todas as estações do ano e em todos os cantos do planeta. Ele poderá então usar os milhares de alimentos frescos e apetitosos restantes para introduzir variedade em sua dieta e tornar a vida ainda mais agradável.

A vida é a organização da matéria. Quando desejamos construir uma máquina, reunimos todas as peças necessárias de acordo com o projeto e, assim que o último detalhe for concluído, a máquina começa a trabalhar. Esse fator que põe em movimento a fábrica humana é denominado alma pelas pessoas simplórias. A alma é a última partícula de matéria que, unindo-se a todas as outras partículas, completa a estrutura do organismo e o põe em movimento.

Se estivéssemos familiarizados com todos os constituintes de um grão de milho e tivéssemos pleno conhecimento de sua composição e estrutura, integrando-os artificialmente poderíamos trazer à existência um grão de milho vivo, que brotaria e ganharia vida ao ser jogado no solo. . Da mesma forma, seríamos capazes de criar um homem e inspirar-lhe vida, se soubéssemos todos os detalhes íntimos da fábrica humana. Mas existe um engenheiro supremo que realiza continuamente esses feitos incríveis em nossa presença. Não temos o direito de lançar dúvidas sobre Sua sabedoria eterna. Acima de tudo, o homem não deve sobrestimar as suas próprias realizações técnicas e encarar as actividades biológicas do seu organismo com o mesmo olhar com que vê as fábricas construídas pelas Suas mãos.

As propriedades de proteínas, vitaminas e minerais específicos e de todos os constituintes nutritivos individuais não devem mais constituir base para discussão

Na última seção vimos que todos os corpos vegetais comestíveis consistem nos mesmos elementos, e que as diferenças nas suas propriedades químicas e físicas são devidas a diferenças na sua composição e estrutura molecular. Infelizmente, os biólogos ignoraram este facto irrefutável e basearam toda a sua ciência nos vários compostos complexos que encontraram nos alimentos. Embriagados pelas descobertas feitas em seus laboratórios, eles fecharam os olhos para aquele maravilhoso laboratório da natureza ao qual entregamos um grão de semente tão pequeno que dificilmente é visível a olho nu e é apresentado, em troca, em poucas semanas tempo, com os alimentos mais perfeitos que satisfazem todas as necessidades do nosso organismo em todos os aspectos. Mas ou eles jogam fora essa generosa dádiva da natureza ou a queimam e destroem, e depois preparam, em seus miseráveis laboratórios, certas substâncias mortas que têm alguma semelhança remota com ela. Estas misturas eles agora dignificam com vários nomes e números, e usam-nos para prejudicar, em primeiro lugar, os seus próprios órgãos e os dos seus filhos inocentes.

Pelos meios mais imperfeitos à sua disposição, eles primeiro examinam os órgãos dos animais e descobrem neles diversas substâncias, como proteínas, gorduras e vitaminas. Procuram então essas substâncias em diversos alimentos e, sempre que encontram algo que se assemelhe a elas, consideram-no um nutriente importante e recomendam-no a todos, sem ter em devida conta as suas propriedades qualitativas e quantitativas.

Assim, tendo encontrado diversas substâncias diferentes nas uvas, dizem que as uvas contêm tais e tais constituintes, como se não contivessem mais nada. Fazem o mesmo no caso de todos os alimentos naturais e não naturais, e os alimentos em que conseguem encontrar algum desses constituintes nos são recomendados como fonte do nutriente fornecido. Como resultado desta miopia, os alimentos mais nocivos são representados como nutrientes totalmente equilibrados e vice-versa.

Basta pegar um lápis e fazer uma lista das substâncias que os biólogos descobriram nos alimentos obtidos da vaca: carne bovina, fígado, cérebro, coração, leite, manteiga e queijo. Vejamos agora se conseguem detectar todas essas substâncias no trevo, na palha ou nas ervas comuns das montanhas de forma idêntica. Claro que não. No entanto, ninguém pode negar o fato de que as matérias-primas utilizadas na fabricação do corpo da vaca são essas mesmas plantas; isto é, toda a vaca é formada inteiramente por essas gramíneas. Se considerarmos os alimentos de origem animal como um alimento completamente adequado para um animal carnívoro, é porque toda a carcaça de uma presa com a sua pele, ossos, sangue e carne e, mais ainda, com todas as suas células vivas intactas, tem um valor nutritivo igual ao da grama. Mas qual o valor do leite, da manteiga ou da carne considerados separadamente? Cada um deles possui uma fração infinitesimal do valor da grama comum e desde que esteja no estado bruto. Quanto ao que resta dos constituintes nutritivos dessas substâncias após o cozimento, não precisa de amplificação. Portanto, possamos compreender o verdadeiro valor nutritivo do leite ou da carne, glorificado durante séculos por pessoas simplórias! Portanto, possamos julgar o real valor de todos aqueles anúncios que adornam as latas e latas de inúmeras variedades de leite em pó e desnatado. A justiça exige que a partir de agora os divulgadores de tais anúncios sejam responsabilizados e severamente punidos, porque a responsabilidade pela morte de milhões de crianças recai directamente sobre os seus ombros.

Admito que o homem está sempre ansioso por aprender coisas novas, por penetrar nos segredos da natureza, por alargar o horizonte do seu conhecimento. É especialmente importante que cada proprietário de uma fábrica se familiarize com os segredos das matérias-primas necessárias para a sua fábrica.

Deixemos que os investigadores confinem as suas investigações dentro das quatro paredes dos seus laboratórios até ao dia em que consigam cultivar uma planta a partir de uma semente composta inteiramente por componentes sintéticos produzidos nas suas oficinas. Então a sabedoria deles será igual à sabedoria do Criador. Mas o nosso mundo já está repleto dessas sementes, através das quais obtemos o alimento mais adequado satisfazendo todas as necessidades essenciais do nosso organismo. Esse alimento está livre do menor traço de defeito. Não lhe falta nenhuma substância; nenhuma substância é redundante; cada constituinte tem sua qualidade, sua quantidade e sua função determinadas pelos cálculos mais precisos. Quem duvida disso duvida minimamente da sabedoria da Natureza: põe em causa a providência do seu Criador; ele peca contra seu próprio Deus.

Dizem-nos para consumir proteínas, pois as proteínas fazem bem à saúde. Mas quanto devemos consumir? Existe um valor geralmente acordado para as nossas necessidades diárias? Os tijolos são necessários para a construção de um edifício, mas certamente não podemos empilhá-los indiscriminadamente ou colocá-los uns sobre os outros sem qualquer argamassa.

Novos técnicos entraram na arena. Eles substituíram o engenheiro experiente de uma série de fábricas complexas e agora desejam manter e operar eles próprios essas fábricas. Por toda parte há fragmentos de matéria-prima amontoados aleatoriamente. Cada um deles casualmente pega tudo o que pode e entrega à fábrica. Um traz pedras, outro ferro; um terceiro carrega barro, um quarto água. Eles agrupam tudo isso sem nenhum plano ou projeto fixo, e então vão buscar cada vez mais. Numerosas substâncias orgânicas e inorgânicas aparecem continuamente. Alimenta-se a maquinaria com um punhado de determinada substância, alegando que é útil; outro o enche com um balde cheio de uma segunda substância, afirmando que é ainda mais útil. Assim, todos sufocam a fábrica com tudo o que imaginam ser os componentes de suas próprias matérias-primas. Experimentos são feitos, experimentos intermináveis. Por um lado, uma série de pessoas tolas incendiaram essas matérias-primas; por outro lado, todos estão com pressa para pegar o que puderem de restos das cinzas fumegantes e colocá-los no bocal da fábrica.

Naturalmente, a fábrica começa a funcionar de forma irregular. Quanto mais irregularmente a fábrica funciona, mais estes novos especialistas multiplicam os seus esforços. Eles correm de um lado para outro em busca de novos meios e novos materiais. Nessa agitação eles pisoteiam, destroem ou queimam os constituintes químicos mais essenciais das matérias-primas, constituintes que por vezes são demasiado pequenos para serem notados por eles. Quando vêem que os seus esforços são inúteis e que a condição da fábrica vai gradualmente de mal a pior, vão ainda mais longe e encontram substâncias completamente novas que não têm qualquer ligação com as matérias-primas da fábrica, e tente regular as operações de sua fábrica com a ajuda deles. Durante algum tempo, uma dessas novas substâncias interrompe o guincho da fábrica, outra abafa o seu guincho agudo, uma terceira diminui a velocidade operacional de certos mecanismos, enquanto uma quarta, pelo contrário, acelera-os ainda mais. Estas mudanças parecem-lhes bons sinais; saltam de alegria e batem palmas como crianças, e depois procuram substâncias "mais fortes e eficazes". Às vezes, certas seções da fábrica param de funcionar completamente ou funcionam de forma tão irregular que colocam em risco a segurança dos seus vizinhos. É então que os homens mostram a sua maior destreza. Eles removem e descartam habilmente essas partes "inúteis".

Não é de surpreender que todos esses esforços acabem num fracasso total e que, uma após outra, as fábricas sejam rapidamente despedidas. Mas os engenheiros desajeitados não perdem a esperança. Eles persistem nas suas experiências desesperadas, recusando-se a chamar de volta o verdadeiro engenheiro dessas fábricas, o seu Deus, a quem negaram.

A comparação contínua do corpo humano com uma fábrica não é feita em sentido figurado. Pois o corpo humano é de facto uma fábrica como todas as outras fábricas, com a diferença de que é muito mais complicado do que uma fábrica comum e os seus componentes são tão pequenos que a maioria deles é invisível e incompreensível para o homem.

Tal como os futuros engenheiros acima mencionados, os nossos biólogos realizam experiências em seres humanos através dos mais terríveis instrumentos disponíveis, dos alimentos mais básicos possíveis, de várias preparações sintéticas e de todos os venenos mortais conhecidos pela humanidade. Eles publicam listas intermináveis com nomes intermináveis de substâncias e desencaminham as pessoas com suas recomendações enganosas. Cada um sugere o que lhe agrada, cada um diz o que lhe vem à cabeça, agindo ao acaso, segundo a regra prática. Eles enchem milhares de volumes e inundam o mundo com eles, trovejam no rádio, publicam anúncios nos jornais. Mas tudo o que fazem é falso, tudo o que dizem é contraditório. Representam a substância mais nociva como extremamente benéfica, mas proíbem o uso daquilo que é essencial. Nesta mistura de agitação e confusão, os próprios autores tateiam num labirinto de dúvidas e indecisões, enquanto o seu público permanece perplexo e desnorteado. Entretanto, infelizmente, aqueles que estão mais próximos de nós partem desta vida aos milhões, desnecessariamente antes do seu devido tempo.

Apelo a todos os homens de espírito nobre em todo o mundo para que saiam da sua indiferença letárgica, pelo menos pelo bem da sua própria saúde e da dos seus amigos e familiares. Que se unam a mim para que, com as nossas forças unidas, possamos abrir os olhos da humanidade, corrigir os actuais hábitos errados de alimentação e pôr fim a esses terríveis massacres.

Que cada um de nós abra os olhos e observe atentamente os escândalos chocantes que envergonham a civilização moderna. Através da atitude errada adoptada pelos nossos cientistas, aproveitadores e especuladores entraram em campo. Os alimentos mais nocivos e grosseiramente adulterados são livremente anunciados como fontes ricas em vitaminas e vendidos abertamente ao público. Incluem biscoitos, doces, refrigerantes como Coca-Cola e limonada, carnes putrefatas, leites secos e milhares de outros alimentos diversos, que foram totalmente privados dos seus constituintes nutritivos mais vitais e são especialmente propensos a causar doenças e matar pessoas. As substâncias mais curiosas são coletadas aqui e ali, misturadas, envasadas em latas e caixas, rotuladas com uma longa lista de nomes aparentemente científicos e vendidas ao público crédulo como preparações "dietéticas" a preços exorbitantes. A medicina moderna foi comercializada a tal ponto que os laboratórios privados pagam uma comissão de 50 por cento aos médicos sobre os encargos cobrados aos pacientes que lhes são enviados. Seria necessário preencher centenas de volumes se quiséssemos apresentar um quadro detalhado de todas as corrupções no mundo de hoje. No momento, não tenho tempo livre para realizar essa tarefa.

Enquanto isso, os biólogos encontram uma certa vitamina durante suas pesquisas. Pouco depois descobrem que não se trata de um simples composto, mas de um elaborado complexo de uma dúzia de substâncias, para cada uma das quais escolhem um nome. Aos poucos percebem que determinada vitamina não mostra sua potência na ausência de outras, ou observam que, ao ser introduzida no organismo, uma substância se transforma em outra e assim por diante.

Os efeitos das vitaminas artificiais no organismo humano são aparentes e contraditórios. Os homens colocam os tijolos de uma casa fileira após fileira sem qualquer argamassa e então, para corrigir esse erro, preparam um enorme barril cheio de argamassa de qualidade inferior e despejam-na no prédio de uma só vez. Fixada na superfície externa dos tijolos, essa argamassa protege a construção do vento e da chuva por um tempo, mas não penetra nas juntas entre os tijolos e, claro, nunca atinge as camadas internas da estrutura. Às vezes utiliza-se uma quantidade excessiva daquela falsa argamassa; então, qualquer edifício cuja fundação seja um tanto instável simplesmente desmorona. É exatamente isso que às vezes acontece durante a injeção de vitaminas, quando o paciente morre logo após a injeção. Como é possível representar como nutriente uma substância cuja menor quantidade mata um homem cinco minutos após sua entrada no corpo humano? Quando os homens cairão em si e abandonarão tais loucuras? Apesar da multidão de fracassos, decepções e infortúnios, os homens persistem no seu curso equivocado e desastroso, recusando-se a recuar um único passo.

Novos livros aparecem continuamente; novas listas e recomendações são constantemente acrescentadas às antigas e uma inundação interminável de venenos flui continuamente das fábricas para os órgãos dos homens. Actualmente, foram escritos milhares de volumes sobre nutrição e assuntos relacionados, todos com diferentes pontos de vista e pontos de vista, diferentes detalhes e particularidades, diferentes listas e tabelas.

Suponhamos por um momento que os livros escritos sobre vitaminas individuais e outros constituintes nutricionais, as recomendações nutricionais e a lista de dietas específicas sejam todos verdadeiros. Poderemos então perguntar-nos se este é realmente o sistema prático de nutrição humana e se aqueles que desejam viver neste mundo estão sob a triste necessidade de ter de decorar todos esses livros. O que acontecerá então aos milhões que vivem em montanhas e vales, em aldeias e aldeias distantes, e não têm oportunidade de se familiarizarem com tais listas e tabelas dietéticas? Eles devem morrer de fome?

Não, bons amigos, acordem do seu torpor de indiferença, pois esse não é o modo de vida destinado ao homem. Uma vida como essa na verdade não é vida alguma; é um pesadelo. Deveríamos provocar uma inversão completa e imediata na nossa atitude em relação aos problemas nutricionais. As publicações sobre constituintes nutritivos individuais e dietas devem ser interrompidas e todas as prescrições de vitaminas artificiais e medicamentos venenosos devem ser interrompidas imediatamente.

Só existe uma forma de libertar a humanidade desse pesadelo de uma vez por todas: introduzir uma mudança radical no nosso modo de vida e nos nossos hábitos alimentares. Esses hábitos devem ser mudados de modo a combinar e harmonizar o sistema correto de nutrição com a vida do homem. Então a escolha entre constituintes nutritivos individuais deixará de servir qualquer propósito útil e as pessoas deixarão de pensar em dietas específicas. Apenas devem ser mantidos em casa alimentos totalmente equilibrados que tenham valores nutritivos idênticos; em outras palavras, cada um dos alimentos consumidos pelo homem deveria ser um alimento completo e perfeito em

em si.Os leitores não devem pensar que é muito difícil conduzir toda a humanidade por esse caminho maravilhoso. Só parece assim superficialmente. Tendo eu próprio passado por todas as suas etapas, sei que, longe de ser difícil, é uma tarefa extremamente fácil, à qual estou disposto a dedicar todo o meu tempo e energia.

Devemos criar condições que permitam aos ricos e aos pobres, aos grandes e aos pequenos, aos instruídos e aos simples, levar uma vida saudável sem estarem sob a obrigação constante de fazer uma escolha obrigatória entre os alimentos que consomem. Então a escolha dos alimentos será determinada pelo nosso paladar, cujas exigências e desejos serão o nosso guia infalível na seleção dos alimentos naturais.

Afinal, podemos perguntar-nos o que procuram os biólogos e qual é o seu objectivo final. Talvez eles próprios não tenham uma concepção clara do seu objectivo final, mas vou dizer-lhes. Eles estão a tentar descobrir que tipo de substâncias o nosso corpo necessita para levar uma vida saudável. Eles desejam verificar o bom funcionamento de cada vitamina e de cada mineral em nosso organismo. Descobrem que uma determinada vitamina estimula o nosso crescimento, outra nos protege contra infecções, uma terceira fortalece os dentes e assim por diante. Mas em vez de se sujeitarem a todos esses problemas, não seria melhor se eles fizessem uma visita às selvas de África, pelo menos uma vez, e perguntassem aos elefantes que tipo de pílulas de cálcio eles tomavam para cultivar o melhor marfim do mundo, ou que variedades de proteínas eles consumiram para acumular suas enormes massas de carne?

Suponhamos que, depois de trabalharem incessantemente durante milhares de anos, finalmente alcancem
seu objetivo desejado. Serão então capazes de reconhecer todos os constituintes de um grão de trigo ou de algum outro corpo vegetal e compreender todos os detalhes de suas respectivas funções em nosso organismo. Mas o que eles buscam com tanto zelo já está disponível e também em rica abundância. Alcançaram assim o seu objectivo supremo, o mesmo objectivo que dificilmente poderiam esperar alcançar nos seus laboratórios após miríades de anos. O que mais eles procuram então?

Mas o leitor não deve supor que os biólogos sejam pessoas completamente insensatas. Eles têm razões para agir como agem e, do seu próprio ponto de vista, são razões bastante fortes e convincentes. Pois os cientistas são pessoas "civilizadas e cultas"; eles não são nem homens primitivos que vivem em florestas escuras, nem animais mudos que vivem em currais e estábulos. Então como podem eles renunciar ao pão branco, aos deliciosos bolos e doces delicados e encher a boca com trigo cru, tal como os selvagens primitivos? É verdade, claro, que ao transformar o trigo integral e imaculado em pão branco ou pastelaria, com excepção do amido morto e do açúcar, todas as suas dezenas de milhares de constituintes nutritivos são destruídos, mas isto não parece preocupá-los. Eles nunca nos permitem esquecer que o amido e o açúcar sem vida também têm seus "benefícios". Eles fornecem as calorias necessárias para fornecer calor ao nosso corpo, enquanto as necessidades dos nossos órgãos, glândulas e nervos são satisfeitas por recursos "científicos" maravilhosos como vitaminas artificiais, preparações minerais, falsos hormônios e, acima de tudo, uma multiplicidade de venenos, superando-se uns aos outros em força e potência.

Finalmente, o que aconteceria então às nossas fábricas, hospitais, médicos, enfermeiros, farmácias, instrumentos cirúrgicos e outros aparelhos semelhantes? Quantos esforços não foram feitos para adquiri-los e quantos trabalhos não foram gastos na sua construção! Como poderiam abandonar todas essas "conquistas" por causa daquele trigo trivial? Tal medida não pode sequer ser contemplada, muito menos realmente tomada. Pouco importa que milhares, ou melhor, milhões de pessoas morram de ataques cardíacos, cancro e outras doenças. Mais cedo ou mais tarde os homens morrerão de qualquer maneira, então não é melhor que morram um pouco mais cedo e se libertem das angústias e sofrimentos deste mundo? Qual é a utilidade de viver até aos 200 anos num mundo que está a ficar sobrelotado como está? Não se surpreenda ao saber que existem pessoas com essa atitude mental. Na verdade, pode-se afirmar que a maioria da humanidade, cega como está pelo vício alimentar, pensa hoje desta forma. Mas declaro solenemente ao mundo inteiro que TODOS OS SERES HUMANOS DEVEM CONSUMIR TRIGO NO ESTADO CRU. ESTE É O COMANDO DA NATUREZA.

No entanto, não nego que o motivo norteador dos biólogos sempre tenha sido o desejo de servir a humanidade. Mas quando virem o fracasso dos seus esforços, deverão mudar o seu perigoso procedimento sem demora e deverão parar imediatamente a publicação de todos os livros que tratam desses assuntos; caso contrário, certamente merecerão a maldição das gerações vindouras. Tendo reunido todos os factos e números contraditórios que podem ser encontrados em livros sobre nutrição, peneirei e pesei cuidadosamente as evidências disponíveis e tirei a conclusão básica de que, no que diz respeito à nutrição, a partir de agora, toda a humanidade deverá pensar da mesma forma e alimentar da mesma forma. Em relação a esta conclusão, não deve haver nem ceticismo nem dissidência.

Portanto, uma vez que os livros até agora publicados que tratam de constituintes nutricionais individuais e de várias dietas específicas cumpriram a sua tarefa, devem todos ser retirados de circulação para que a mente do público não possa continuar a ser confundida pelas suas teorias doentias e contraditórias. . Por outras palavras, todos os livros que tratam das funções e dos "benefícios" das proteínas, dos hidratos de carbono, das gorduras, das vitaminas e dos minerais deveriam ser proibidos. O mesmo deveria acontecer com todas aquelas publicações perigosas nas quais são feitas tentativas de provar que o valor de certos alimentos reside em algum nutriente específico neles contido. Mesmo aqueles livros em que os seus escritores tentam afirmar a superioridade de certos tipos de frutas em comparação com outros devem ser considerados supérfluos. Quando muito, a investigação futura poderá ser orientada para a realização de experiências gerais, a fim de fornecer os dados necessários para determinar o grau de desenvolvimento e as vantagens de uma classe de alimentos em comparação com outras classes. Por exemplo, podem ser realizados estudos para determinar as grandes diferenças entre frutas, cereais, leguminosas, nozes, vegetais verdes e raízes, se tais diferenças existirem.

Doravante, deveria ser o principal dever de todos os escritores, cientistas, médicos, jornalistas e humanitários progressistas demonstrar ao público em geral todos os aspectos dos enormes danos causados pela degeneração dos nutrientes naturais e exortar as pessoas a submeterem-se incondicionalmente aos preceitos da natureza.

Homem real e homem falso

O consumidor habitual de alimentos cozinhados é, na verdade, uma combinação de duas pessoas numa só; ele tem dois corpos. O primeiro corpo, o HOMEM VERDADEIRO, é o próprio homem verdadeiro, que foi criado por meio da nutrição natural e ainda é sustentado pela nutrição natural. O segundo corpo, o FALSO HOMEM, surgiu através de alimentos não naturais, cozidos e artificiais e continua a viver apenas de nutrição não natural.

Todas as células do corpo humano que, sendo saudáveis, especializadas e ativas, mantêm a vida e mantêm a pessoa em pé, são construídas, nutridas, operadas e substituídas inteiramente por alimentos naturais. São essas células que dão força aos músculos, regulam as contrações do coração, transmitem os impulsos do cérebro ao corpo e produzem secreções. Ao lado destas células altamente desenvolvidas, existem outras células que apresentam alguma semelhança superficial com as células normais, mas que têm, de facto, a estrutura mais elementar, carecem da maquinaria e mecanismo necessários para funções especializadas e são geralmente degeneradas e doentes. Estas células nascem, crescem e se multiplicam inteiramente às custas de alimentos não naturais e degradados.

No organismo de um viciado em comida, o verdadeiro homem ocupa muito pouco espaço. Mesmo no caso da pessoa mais magra, uma proporção considerável do corpo consiste em células inativas.

Cada glândula ou órgão necessita de um certo número de células ativas e especializadas, mas assim que o complemento necessário de tais células é formado, a construção de células adicionais no determinado órgão é interrompida, caso contrário ele cresceria até um tamanho excessivo. Ora, como as células ativas só são criadas através da nutrição natural, enquanto o viciado em comida não fornece ao seu corpo a quantidade necessária de alimentos naturais, o órgão é obrigado a compensar a deficiência resultante e a manter o seu tamanho dentro de limites razoáveis, acumulando uma quantidade considerável de nutrientes. certo número de células inativas produzidas a partir de alimentos cozidos. Essas células inúteis e parasitárias abundam em todos os órgãos e sistemas de um viciado em comida, não excluindo os ossos, as unhas e os cabelos.

No entanto, o organismo de algumas pessoas ainda é capaz de lutar contra dietas não naturais durante um determinado período de tempo. Na verdade, cansa-se ao máximo prevenir a formação do falso homem pela diminuição do apetite, distúrbios estomacais, náuseas, vômitos, insônia, dores de cabeça e outros meios similares. As pessoas míopes consideram esses sintomas de precaução como sinais de alguma debilidade do organismo, por isso, em vez de interromperem o consumo de alimentos não naturais, incentivam ainda mais o seu uso para "nutrir e fortalecer" o paciente. E quando, sob os ataques contínuos de alimentos "nutritivos", a longa e prolongada luta chega a um fim trágico com a derrota do homem real, o organismo é forçado a abandonar a sua resistência tenaz e a "adaptar-se" a esses alimentos não naturais. Este é o sinal para o nascimento do falso homem, que logo começa a devorar como um lobo e a crescer irresistivelmente. No entanto, as pessoas míopes consideram este crescimento um sinal seguro de recuperação.

Com o passar do tempo, essa resistência tornou-se mais fraca e hoje chegou-se ao estágio em que muitas crianças nascem com dois corpos. Tais crianças começam a desenvolver o falso homem antes mesmo de virem ao mundo. Você pode ver o falso homem a cada passo nas nádegas e nas pernas das mulheres, nas bochechas gordas das crianças, nas barrigas e pescoços salientes dos homens e em outros lugares. O falso homem deforma as belas figuras das jovens donzelas no auge da vida, priva os adultos da sua capacidade de trabalho. Penetra no coração, nos rins, nos vasos sanguíneos, nas glândulas e nos tecidos dos seres humanos e paralisa suas atividades. De modo geral, ela pega o homem real em suas garras e gradualmente o aperta e estrangula.

Quando um viciado em comida sacia sua fome consumindo alguma fruta, significa que naquele momento o verdadeiro homem está saciado ao máximo e não tem mais desejo por comida. Mas o falso homem não recebeu nenhuma parte do nutriente natural, então ele exige agora seu próprio alimento especial. O que torna as coisas particularmente infelizes é o fato de ele expressar seus desejos bestiais pela boca do homem real. O desejo voraz por comida cozida é o desejo daquele monstro e não tem qualquer ligação com as exigências do homem real. Esse desejo se transforma em gula no momento em que as duas paixões brutais, o vício e os desejos bestiais, unem forças.

É aqui que o homem real, sem qualquer pensamento ou reflexão, realiza uma tarefa muito desprezível. Ele trabalha incessantemente, dia após dia, ganha dinheiro com muita dor e dificuldade e então, com dor e dificuldade ainda maiores, transforma os alimentos naturais que comprou com seu suado dinheiro em substâncias nocivas, introduzindo-as em seu corpo através de seus esforços. própria boca, digere-os em seu canal alimentar, absorve-os em sua corrente sanguínea e os entrega àquele monstro, seu inimigo mais feroz, que ele cria e nutre em seu próprio seio e cujo corpo abominável ele carrega continuamente em seus músculos fracos.

Aqui, devo perguntar aos biólogos que elogiam as proteínas e depositam falsas esperanças na suposta potência das vitaminas artificiais, se não têm pena daqueles homens e mulheres que cambaleiam e cambaleiam enquanto caminham pela rua, mal conseguindo arrastar o enorme peso das vitaminas. o homem falso em suas pernas fracas. Onde está a consciência e a razão dessas pessoas? Essas massas de gordura e carne inúteis não lhes dão o que pensar? Afinal, a corpulência é fruto de suas proteínas animais "totalmente balanceadas" e do pão branco "digerível". Apenas tente privar essas pessoas gordas de seu pão e carne, e alimentá-las por um tempo de acordo com as leis mais elementares da natureza, e então observe como essas massas diabólicas derretem e desaparecem em poucos meses.

Quando consideramos quão facilmente podemos nos livrar desses montes supérfluos de carne e efetuar a recuperação completa pelo método mais simples e natural, podemos muito bem nos perguntar por que pessoas de alta distinção acadêmica recorrem a uma variedade de meios perigosos e sem sentido, sem qualquer perspectiva de sucesso.

O falso homem não é composto apenas de células degeneradas, mas também de fluidos supérfluos, gorduras, concreções, sais, venenos e outras substâncias nocivas, que penetraram e se espalharam por todas as cavidades e tecidos do homem real. Todas as doenças, sem exceção, nascem nas células do falso homem. É também nas células do falso homem que nasce o câncer.

As doenças são causadas pela violação das leis da natureza

Só podem existir duas causas para a avaria de uma fábrica: falta de equilíbrio nas suas matérias-primas e danos incidentais vindos do exterior. Não pode haver outra causa.

Os danos incidentais sofridos pelo organismo humano por fontes externas (queimaduras, lesões, envenenamentos, etc.) são facilmente compreendidos e não há divergências sobre os métodos a serem empregados no seu tratamento. Entre esses danos externos podem ser incluídos os danos causados ao organismo por todos os medicamentos terapêuticos autoadministrados, vitaminas artificiais, minerais, álcool, nicotina, chá, café, bem como os numerosos venenos que são introduzidos no corpo com alimentos cozidos. e são armazenados em todos os órgãos.

As matérias-primas mais harmoniosas e perfeitas para o organismo humano são os corpos vegetais brutos determinados pelo seu engenheiro construtor, o seu Criador, a Natureza, Deus. A menor alteração feita nesses corpos significa perturbar a harmonia das matérias-primas de uma determinada fábrica; isto, por sua vez, significa deslocar as operações adequadas dessa fábrica; em, outras palavras, significa doença. Em conformidade com as leis da natureza, isto deve ser considerado como um axioma, sobre o qual nunca deveria haver qualquer dúvida ou diversidade de opiniões. As matérias-primas da fábrica humana foram chamadas de ALIMENTAÇÃO.

Nosso Criador onipotente construiu as matérias-primas da fábrica humana com cálculos tão precisos que, quando colocamos uma única baga de uva em nossa boca, essa pequena baga se quebra e se espalha por todo o organismo para suprir todas as suas necessidades, sem qualquer exceção. Essa baga primeiro constrói a estrutura rudimentar das células simples, depois constrói todo o maquinário interno e mecanismo das células diferenciadas, fornece as matérias-primas necessárias para a produção, limpa e lubrifica todas as partes componentes e renova aquelas que estão danificadas, substitui o células envelhecidas e cansadas por células jovens, fornece combustível aos motores e os põe em movimento, dá ao corpo o calor e a energia necessários e executa qualquer outra tarefa exigida.

disso. O leitor pode se perguntar como é que há pessoas que às vezes não comem nenhuma fruta por semanas ou meses a fio e ainda assim conseguem se manter vivas. A resposta é que, de modo geral, até mesmo o viciado em comida mais convicto ingere algum alimento cru de vez em quando. Às vezes, as células normais morrem de fome durante semanas e meses, mas como as frutas são alimentos extremamente condensados e altamente nutritivos, uma quantidade muito pequena delas mantém a pessoa de alguma forma em pé. Mas se essa fome for excessivamente prolongada (pois o próprio sujeito não sente essa fome), aparecem no organismo vários distúrbios, feridas e condições mórbidas, a mais grave das quais é o escorbuto.

Durante o escorbuto ocorre uma degradação gradual das células, causada pela ausência de constituintes nutritivos superiores. Mais tarde, as paredes dos capilares começam a romper-se, dando origem a extravasamentos de sangue. As gengivas ficam agora lívidas e esponjosas, os dentes caem e todo o corpo do paciente fica coberto de úlceras. Na opinião das pessoas míopes esta doença é inteiramente devida a uma deficiência de vitamina C. Todos os alimentos cozidos, medicamentos e vitaminas artificiais do mundo não têm o poder de salvar a vida de tal paciente. Se ele não ingerir algum alimento vegetal fresco, sua morte será inevitável.

A natureza tem sido muito indulgente com o homem, mas o homem tira vantagem dessa indulgência. O citologista americano E. V. Cowdry diz: "A perda, para a economia corporal, do serviço treinado pelas células que se tornaram malignas não é grave, pois há excedentes em todos os tipos de células especializadas que podem ser utilizadas em caso de necessidade, conhecidas como células fisiológicas. reservas. Nove décimos do córtex adrenal, 1/2 dos pulmões, 3/4 do fígado, 4/5 da tireóide e do pâncreas e todo o baço podem ser removidos com segurança" (CANCER CELLS, Filadélfia e Londres , 1955, pág. 11). Até o citologista mais famoso do mundo é tão míope que não considera grave para o organismo a perda de nove décimos de uma glândula; a perda só aparece para ele quando determinado organismo para de funcionar completamente. Mas o estudo de Cowdry vem confirmar a crença dos que comem alimentos crus de que qualquer diminuição na ingestão de alimentos crus é seguida por uma diminuição proporcional no número de células activas e, portanto, na capacidade de trabalho de uma determinada glândula ou órgão. Muitas vezes, os órgãos de um viciado em comida mantêm a sua existência pelo trabalho de apenas um décimo ou um quinto do complemento normal de células.

QUANDO SÃO TOMADAS EM DEVIDA CONTA AS LEIS DA NATUREZA, A CAUSA DE NENHUMA DOENÇA PERMANECE OCULTA; tudo fica claro como a luz do dia. Assim que o número de células normais e activas diminui através de uma diminuição na quantidade de alimentos naturais consumidos, as glândulas e os órgãos falham no seu funcionamento e o rendimento torna-se fraco, insuficiente e defeituoso, devido à deficiência das matérias-primas. Como resultado, certas glândulas e órgãos ficam doentes. Novamente, como restam comparativamente poucas células ativas e as que permanecem estão famintas e exaustas, as paredes do coração distendem-se e as válvulas ficam danificadas; as partes sensíveis da pele, intestinos, estômago e outros membros do corpo que estão sujeitos a pressão constante ficam prejudicadas; os capilares dilatam-se e depois rompem-se, resultando em ulceração do estômago e dos intestinos, descargas das membranas mucosas, piorreia, hemorróidas, eczema e assim por diante. Os dentes deterioram-se por falta de nutrição adequada; o cabelo fica grisalho ou cai. Ao mesmo tempo, com o acúmulo de substâncias tóxicas introduzidas no organismo por meio dos alimentos cozidos, as articulações ficam incapacitadas; as paredes dos vasos sanguíneos são cobertas por depósitos duros; pedras (ou cálculos) são formadas na bexiga; esclerose, hipertensão, ciática, reumatismo, gota e uma série de outras doenças aparecem. Finalmente, agora torna-se uma tarefa bastante fácil explicar as causas dos ataques apopléticos e do cancro.

Nenhum viciado em comida deveria considerar-se saudável. A base de sua saúde precária foi lançada por sua mãe viciada em comida, mesmo antes de seu nascimento. Seus órgãos estão degenerados e a cada momento estão em perigo ou esgotando suas últimas reservas de energia. Depois de ler estas linhas, quem valoriza a sua saúde e cuida da sua vida deve tomar a firme decisão de afastar esse perigo e reparar completamente os danos já causados ao seu organismo. Em particular, as pessoas que sofrem de obesidade e hipertensão não devem hesitar nem por um momento, porque as suas vidas estão por um fio. Eles não devem permitir que a ameaçadora palavra "inesperado" apareça amanhã nos seus obituários. Essa palavra é a evidência mais contundente da crassa ignorância do homem "civilizado".

O bebezinho nunca deve chorar sem motivo; ele nunca deveria passar uma noite agitada ou sofrer de problemas estomacais, muito menos de febre. Ele também não deveria sofrer deficiência de vitaminas ou cálcio. Tudo isso é resultado de alimentos cozidos, leites secos e da inferioridade do leite materno cozido. Declaro repetidamente que é uma ofensa muito cruel acostumar uma criança recém-nascida a comida cozida. Até agora, esta infracção foi cometida por todos os pais de forma não intencional; doravante será considerado um

crime premeditado. Amanhã, nenhum pai será capaz de atenuar a sua culpa.

Antes de ser tomada a decisão de se submeter a uma operação cirúrgica, o paciente deve recorrer à alimentação crua integral. Se o órgão danificado não tiver perdido completamente o seu complemento de células activas, poderá muito bem recuperar a sua plena capacidade de trabalho, dando origem a células saudáveis e livrando-se das doentes.

Enquanto houver células doentes no organismo humano, existirá um forte desejo por comida cozida. Mas uma vez que o corpo é limpo de suas células doentes, a visão de refeições cozidas enche o homem de verdade de nojo, em vez de prazer. Quanto mais forte for o sentimento de "fome", mais profunda e grave é a doença. Em suma, o desejo por comida cozinhada é um desejo de doença, e a persistência desse desejo significa a persistência da doença. Portanto, para subjugar e aniquilar as doenças, é necessário matar de fome o falso homem.

Os pacientes com câncer devem ser imediatamente submetidos a uma dieta extremamente limitada de alimentos crus, como meio quilo de maçãs ou uvas por dia. Esta quantidade é suficiente para manter vivo o verdadeiro homem, enquanto as células cancerígenas, incapazes de obter qualquer parte dela, morrerão gradualmente. A pessoa que está condenada à morte certa não tem mais o direito de satisfazer o seu paladar ao preço de acelerar o seu fim.

Vejamos agora que serviço útil nos pode ser prestado pelos 350.000 tipos de substâncias venenosas que eles chamam de drogas. Será possível aumentar o número de células diferenciadas, fortalecer as células fracas ou conceder às células deficientes nova capacidade de trabalho? Podem eles fornecer matéria-prima às glândulas famintas ou substituir os constituintes nutritivos destruídos pelo fogo? Eles podem fortalecer os músculos do coração ou limpar as impurezas dos vasos sanguíneos? Eles podem interromper o fluxo contínuo em nossos órgãos da sujeira e dos venenos que são introduzidos em nosso corpo com alimentos cozidos? Finalmente, conseguirão separar e aniquilar as células cancerígenas uma a uma ou trazê-las de volta ao seio da comunidade? Talvez esses venenos sejam realmente parte integrante da nossa alimentação e tenha sido por descuido que a natureza se esqueceu de incluí-los nos alimentos naturais.

A verdade é que os efeitos dessas substâncias são mágicos, enganosos, aparentes, contraditórios e invariavelmente prejudiciais. A vasta literatura sobre as propriedades benéficas dos medicamentos é o mito da nossa época. Um enorme mundo de superstições mantém todos os povos deste globo sob seu domínio absoluto e medicamentos nocivos assumem o papel de talismãs. Devemos descer das alturas da fantasia e adoptar uma atitude realista face a estes problemas. Uma célula infinitamente pequena em si tem uma estrutura mais complexa do que todas as fábricas feitas pelo homem na Terra juntas. Isto é óbvio pelo simples facto de que, com todos os seus esforços concertados, os especialistas do mundo nunca foram capazes de criar uma única célula viva. E, no entanto, cada órgão é composto por bilhões dessas células. No entanto, um médico comum imagina-se um especialista nesses vastos mundos. Quando aquele médico rabisca o nome de algum "remédio" venenoso num pedaço de papel, ele ingenuamente supõe que pode restaurar as funções desorganizadas de bilhões de fábricas pela prescrição de um único veneno. Segurando os meus filhinhos pelas mãos, durante anos a fio vaguei de um país para outro na esperança de encontrar aquele elixir fabuloso e vivificante! É com a mesma esperança fantasiosa que cada paciente, seja qual for a sua condição, bate hoje à porta do seu médico ou ocupa o seu lugar na fila do hospital.

Já a cura radical e final de cada doença está inteiramente nas mãos do próprio paciente. AS CAUSAS DE TODAS AS DOENÇAS ENCONTRAM-SE NO INCÊNDIO DA COZINHA. COM O DESAPARECIMENTO DESSE FOGO DESAPARECERÃO TODOS OS SOFRIMENTOS DA RAÇA HUMANA. A alimentação crua completa não só atua como preventivo de todo tipo de doença, mas também cura completamente todas as doenças já contraídas, das mais leves às mais graves e complicadas, desde que o órgão afetado ainda retenha alguns sinais de vida.

Neste pequeno livro, não posso tratar longamente deste assunto. Basta apresentar apenas um exemplo. As doenças cardiovasculares são a ruína da humanidade hoje. Em certos países, a taxa de mortalidade por diversas doenças cardíacas é superior a metade da taxa de mortalidade total e a proporção continua a aumentar. Todos os medicamentos existentes contra essas doenças são medidas puramente imaginárias. Ao envenenar o corpo, irritando ou, pelo contrário, amortecendo os nervos e estimulando a ação do coração, privam o organismo dos seus restos de força. Testemunhe o fato de que os médicos são as principais vítimas dos ataques cardíacos. No entanto, entre todas as doenças, os distúrbios cardiovasculares são os mais passíveis de tratamento. Comer alimentos crus porá fim a todos esses massacres sem sentido.

Se o paciente que está condenado a morrer de ataque cardíaco dentro de algumas semanas ou meses procurar refúgio nas leis da natureza e passar a comer alimentos crus hoje, ele sentirá uma melhora imediata em sua condição quase da noite para o dia. Desde o primeiro dia, os seus vasos sanguíneos começarão rapidamente a perder as suas impurezas, e as paredes das suas veias, bem como as do seu coração e das suas válvulas, obterão uma nova vida com um novo complemento de células activas, gradualmente recuperando a elasticidade e firmeza adequadas. Como resultado, em vez de morrer dentro de algumas semanas, o novo recruta para a alimentação crua será capaz de esperar com confiança uma vida saudável por mais 40 ou 50 anos. Quando se trata de substituir uma vida doentia de algumas semanas por uma vida saudável de meio século, não devemos permitir que a hesitação penetre nos nossos corações. É infantil considerar mais de 50% de todas as mortes como súbitas e inesperadas. Quando vejo pedaços de carne e pão branco entrarem na boca de uma vítima inocente, imagino a degeneração que em breve ocorrerá nas paredes do seu coração e nos seus vasos sanguíneos, e a cada momento espero um ataque cardíaco. De modo geral, existem quatro causas básicas de doenças: 1. Deficiência no número de células diferenciadas. 2. Insuficiência de matérias-primas necessárias ao funcionamento das glândulas. 3. Presença de corpos estranhos e células parasitárias no organismo. 4. O enfraquecimento da resistência das células à infecção bacteriana. A alimentação crua enfrenta todas estas quatro causas desde o início e oferece uma solução radical para o problema das doenças.
No entanto, no período inicial de consumo de alimentos crus, os viciados em alimentos às vezes experimentam vários desconfortos, o que pode dar às pessoas irrefletidas a falsa impressão de que os alimentos naturais esgotam o corpo e prejudicam a saúde. Este equívoco é a prova mais contundente da miopia do homem de hoje. A mera ideia de que a nutrição NATURAL pode ser seguida de resultados NÃO NATURAIS e prejudiciais é uma noção absurda, que deve ser banida dos nossos pensamentos de uma vez por todas.
Deve-se ter em mente que 40-50 quilos ou mais do homem de cem quilos pertencem ao falso homem, que imediatamente começará a derreter e, acompanhado de suas células doentes, gorduras, concreções e venenos, correrá na corrente sanguínea, de modo que possa sair do corpo através das diversas excreções – as fezes, a urina e a transpiração. Ao observar substâncias estranhas na urina e no sangue, o homem míope pensará que elas são formadas a partir de nutrientes naturais, quando na

  A. T. Hovannessian

verdade provêm do corpo repugnante do falso homem, que gradualmente se definha e abandona o organismo para sempre. . É por isso que a transição para a alimentação crua não deve ser controlada pelos critérios habituais da ciência médica; em vez disso, devemos submeter-nos com confiança às leis da natureza e aguardar os resultados finais com paciência e tolerância.

Durante esse período podem aparecer sintomas de flatulência, dores intestinais, dor de cabeça, tontura, debilidade geral e assim por diante. Em certos casos, a urina pode ficar turva, os pés podem inchar, podem aparecer erupções cutâneas no corpo e pode haver secura e comichão em certas partes da pele. Todos estes são processos de purificação e cura, por isso não se deve de forma alguma sucumbir ao sentimento de "fome" e, tendo dúvidas sobre a sabedoria do Criador, recorrer a jantares "nutritivos", proteínas "plenamente equilibradas" e aminoácidos "insubstituíveis" para obter ajuda. Se alguém for tolo o suficiente para fazê-lo, esses sintomas desaparecerão imediatamente, mas em detrimento da saúde. O falso homem então suspirará de alívio e, rindo da estupidez do homem real, começará a crescer novamente com um novo sopro de vida.

Tais sintomas variam em ocorrência e gravidade de um indivíduo para outro e podem até estar totalmente ausentes em certos casos. Via de regra, podem ser graves nos idosos e corpulentos, leves nos jovens e completamente ausentes nos recém-nascidos, que começarão a crescer normalmente. De modo geral, no corpo de uma pessoa excessivamente gorda, o falso homem comprimiu e emagreceu tanto o homem real sob a pressão de seu grande peso que pouco resta dele além de "pele e ossos". No período inicial de alimentação crua, o peso de tal pessoa será reduzido tanto que aqueles que não compreendem a verdadeira natureza da mudança começarão a ter pena dela. Mas esta é apenas uma imagem aparente do que realmente está acontecendo. No corpo do comedor de cru, o verdadeiro homem começou, de fato, a ganhar peso desde o primeiro dia e, depois de se livrar do falso homem, continuará a crescer de maneira regular até atingir o peso normal. . Numa pessoa muito magra o aumento de peso do homem real irá contrabalançar a perda sofrida pelo falso homem, de modo que haverá um ganho líquido de peso desde o início.

Este crescimento do verdadeiro homem é particularmente rápido em crianças magras, pálidas e fracas. Não devemos esperar que as crianças que comem crus tenham rostos tão rechonchudos e pernas tão rechonchudas quanto os seus companheiros que comem alimentos cozidos, pois a gordura é o sinal do falso homem. As crianças que comem alimentos crus serão, de facto, magras, vigorosas e musculosas. É por pura ignorância que os pais simplórios se alegram com a obesidade dos filhos.

Quando comecei a comer alimentos crus, um extenso processo de purificação começou em meu organismo. Não experimentei sintomas de debilidade, mas sofri de dores nos intestinos, os interstícios entre os dedos das mãos e dos pés começaram a secar, seguido de descamação e comichão, surgiram erupções cutâneas no meu corpo e, em certas partes dos meus pés, a pele secou e descascou em flocos. Meus pés, que até então costumavam inchar um pouco, de repente ficaram hxcessivamente inchados, e esse inchaço levou meses para diminuir. Depois de um tempo, minha urina ficou bastante turva. Durante todo esse período, exercitei-me fazendo caminhadas mais longas do que jamais havia feito em minha vida. Era bastante evidente para mim que, sob a pressão contínua da nutrição natural e do exercício físico, as concreções que se tinham acumulado nos meus vasos sanguíneos e articulações durante 50 anos de alimentação cozinhada estavam a começar a derreter e a desaparecer. Para ter ainda mais certeza da minha convicção, parei subitamente de comer alimentos crus e durante três dias comi apenas pratos de carne. Logo no primeiro dia a turvação da minha urina diminuiu, no segundo dia restaram apenas ligeiros vestígios, enquanto no terceiro dia desapareceu totalmente. Quando voltei a comer alimentos crus, minha urina ficou turva novamente, mas não com a gravidade anterior, e desapareceu gradualmente em poucas semanas. Os três dias de alimentação cozida aparentemente desaceleraram o rápido ritmo de purificação do meu organismo. Aliás, fiz outra descoberta ao mesmo tempo. A água ingerida com alimentos salgados aumentou o peso do meu corpo em três quilos em até um dia. Felizmente, voltei ao meu peso anterior no quarto dia após a retomada da alimentação crua.

Talvez seja bom para o novo recruta para comer cru ter uma refeição saudável depois de alguns

meses de abstinência de alimentos cozidos. Ao comparar os dois sistemas de nutrição, ele fica ainda mais convencido de que o caminho que escolheu é realmente o certo e, depois disso, não sonha em repetir a experiência.

O forte inchaço dos meus pés desapareceu gradualmente em poucos meses. Ao mesmo tempo, também sofri de alguns inchaços mais leves e de longa data; estes também diminuíram durante os anos seguintes e finalmente desapareceram completamente. Os mesmos sintomas aparecem, mais ou menos, em muitos comedores de crus, que me escrevem sobre eles de todos os cantos do mundo.

Mais significativo ainda foi o desaparecimento das minhas hemorróidas. As hemorróidas crônicas não me deram descanso ou repouso por cerca de 15,20 anos. Todos os dias, às vezes duas vezes por dia, eu era obrigado a trocar de roupa íntima. A inflamação nunca diminuiu; havia descargas contínuas de pus, muco e sangue. Mesmo depois de ter passado a comer alimentos crus, apesar da regularidade introduzida no funcionamento dos meus órgãos digestivos, o estado das minhas hemorróidas permaneceu quase inalterado. Depois de cada esforço físico, ou mesmo depois de uma simples caminhada, a irritação tornava-se tão intensa que às vezes eu pensava que, devido às alterações morfológicas ocorridas, talvez as hemorróidas não quisessem ceder à alimentação crua e que em no final, eu seria obrigado a submeter-me a uma operação cirúrgica. Mas, ao mesmo tempo, nunca perdi a esperança no poder da natureza. E, de fato, alguns meses depois a condição começou a apresentar uma melhora definitiva. As irritações diárias mudaram para duas vezes por semana, depois para uma vez por semana, uma vez por mês e mais tarde ainda para uma vez a cada dois ou três meses, até que finalmente o tratamento teve tanto sucesso que hoje não sinto mais que tenha sofrido de hemorróidas. A cura foi especialmente acelerada quando comecei a tomar saladas de trigo germinado todos os dias. Agora, essas circunstâncias nos colocam face a face com uma verdade muito importante.

É sabido que as hemorróidas são causadas pelo enfraquecimento da elasticidade das paredes retais e pela distensão das veias na extremidade inferior do intestino. Em casos realmente avançados a operação cirúrgica reconhece-se como a sua única cura radical. A cura das hemorróidas pela alimentação crua é uma prova de que, através da substituição das células degeneradas do organismo por células ativas, com o passar do tempo as paredes dos intestinos e dos vasos sanguíneos vão se renovando gradativamente, adquirindo a elasticidade e firmeza necessárias. . O que é ainda mais importante é o fato de que esse processo ocorre simultaneamente nos intestinos, no estômago, nas veias, nos capilares e nos nervos, e em todos os órgãos e glândulas, sem exceção. Em outras palavras, o organismo desordenado e doente do comedor de alimentos cozidos é completamente restaurado com um novo complemento de células jovens, especializadas e saudáveis. O aumento do poder sexual através da alimentação crua será uma surpresa para todos, embora nas actividades sexuais a moderação estrita deva ser o nosso firme princípio. Nos esportes, os comedores de carne crua estabelecerão recordes novos e sem precedentes. É aqui que se encontra o antigo sonho dos alquimistas, o elixir da vida. Não são efeitos mágicos obtidos em poucas horas por meio de medicamentos, mas processos fundamentais para a cura de doenças através da reconstrução de todo o organismo.

Desde que as células de um órgão ou de uma glândula não estejam totalmente gastas, a alimentação natural permite-lhes restaurar o seu complemento celular essencial, dando origem a novas células, e ao mesmo tempo livrar-se da presença de células doentes e inúteis. Mas não há meios de devolver um órgão desperdiçado, tal como um dente cariado, ao seu estado anterior. É por isso que, em questões de saúde, a procrastinação é perigosa.

Quem come alimentos cozidos vive do trabalho de um quinto a um décimo de seus órgãos e glândulas e, ainda assim, enquanto for capaz de ficar de pé, considera-se saudável. Pior ainda, o perigo de ser privado até mesmo daquele décimo paira sobre ele constantemente como a espada de Dâmocles, especialmente depois de ter tido alguns "bons" jantares.

As investigações dos citologistas mostram que, além das células indolentes, são encontradas no corpo humano várias células gigantes multinucleadas (policariócitos), células uninucleadas de grandes dimensões (megacariócitos) e outros tipos de células degeneradas. Essas células estão "normalmente" presentes em todos os órgãos e glândulas, e até mesmo na corrente sanguínea dos que comem alimentos cozidos. Os cientistas pesquisadores que observam essas e uma série de outras aberrações nos órgãos de todos os viciados em comida são obrigados a considerá-las como ocorrências "normais" ou "naturais".

Os alimentos naturais não permanecem nos órgãos digestivos por mais do que algumas horas e, digeridos ou não, deixam o corpo pelo canal normal, enquanto os alimentos cozidos, especialmente aqueles derivados de fontes animais, permanecem no canal alimentar por três horas. ou quatro dias, às vezes durante semanas. Agora, é um fato bem conhecido que imediatamente após a morte as células animais começam a se decompor, liberando uma grande variedade de substâncias venenosas. Portanto, não há alimentos de origem animal isentos de veneno na mesa do comedor cozido. Não é de admirar, então, que depois de permanecer no abdômen humano por três ou quatro dias a uma temperatura de 38°C. os alimentos de origem animal são completamente convertidos em venenos. Às vezes, esse processo avança a tal ponto que só depois de terem devastado as paredes dos intestinos e se misturado com quantidades consideráveis de pus, muco e sangue, é que conseguem sair do organismo. No segundo dia, o paciente queixa-se de um leve distúrbio no estômago.

Os médicos recomendam o uso de sal de cozinha para evitar a ocorrência de tais putrefações, como se quisessem transformar o abdômen humano num barril de carne salgada. Pessoas crédulas acreditam ingenuamente que tudo o que o estômago aceita prontamente não pode ser prejudicial; enquanto o arroz polido, o pão branco ou os açúcares, que são os mais nocivos de todos os alimentos, não provocam qualquer reacção imediata no estômago. Alguns até se perguntam que ligação a nutrição poderia ter com os olhos, a pele ou os nervos, como se qualquer parte do corpo pudesse desempenhar as suas funções sem matérias-primas. Ora, que substância se poderia encontrar no pão branco, no açúcar ou na manteiga clarificada que pudesse iluminar os olhos ou organizar o maravilhoso funcionamento dos nervos? As pessoas avançam todo tipo de conjecturas hipotéticas para explicar as causas das doenças nervosas, mas não prestam a menor atenção ao fator mais essencial: as propriedades das matérias-primas fornecidas aos nervos.

A resistência do homem às doenças infecciosas enfraquece de geração em geração

As alegações de que o perigo das doenças infecciosas está em constante declínio são falaciosas. Devido à alimentação cozinhada, as células humanas perderam gradualmente o seu poder de resistência aos micróbios e, o que é pior, continuam a perder esse poder de geração em geração.
Neste contexto, gostaria de citar algumas passagens de "Anatomia Patológica e Patogênese das Doenças Humanas", do eminente cientista soviético I. V. Davydovsky, publicado em 1956. Segundo ele: "Há uma série de infecções específicas do homo-sapien (antroponoses) que, de fato, não ocorrem em animais, incluindo os macacos mais desenvolvidos. Os cientistas ou não conseguem induzir neles exemplos experimentais dessas infecções ou então conseguem obter semelhanças muito remotas de apenas algumas delas (febre tifóide, cólera, malária, meningite meningocócica, gripe, sarampo, icterícia, difteria, escarlatina, pneumonia, reumatismo, sépsis, gonorreia, furunculose, apendicite, etc.).
"As zoonoses e ornitonoses (doenças dos animais e das aves) que ocorrem no homem, como a hidrofobia, a encefalite, a brucelose (febre de Malta), a psitacose, a varíola, a peste, a tularemia, o antraz, a triquinose e outras, têm, em regra, as suas particularidades. sintomas que são peculiares ao homem, enquanto nos animais às vezes mostram apenas reproduções muito remotas desses sintomas."
Parece assim que não só todos os animais, incluindo os antepassados do homem, os macacos, não contraem infecções humanas específicas, mas nem sequer respondem às tentativas deliberadas dos cientistas investigadores para os infectar com essas doenças para fins experimentais. Em contrapartida, existem bactérias que são específicas dos animais e das aves, mas que não os afectam normalmente, embora estejam sempre presentes nos seus órgãos. Ao serem transmitidas ao homem, porém, essas mesmas bactérias o infectam da maneira mais terrível e desastrosa. Devemos acrescentar a isto o facto de os animais serem imunes a todas as doenças crónicas.
Qual é a razão deste contraste marcante? O que é que distingue um homem de um animal aqui senão o seu hábito de se alimentar de acordo com as leis da "civilização" e depois sentar-se à sua secretária vagarosamente com as pernas cruzadas?

Imaginem como seria se um dia desses a vaca pensasse em se tornar "civilizada" como o homem, comer sua forragem depois de fervê-la num caldeirão e, ao adoecer, fingir que o as razões eram desconhecidas. Então, se alguém sugerisse que ela deveria tentar se alimentar com grama crua, ela deveria expressar o medo de que seu corpo, estando acostumado a comida cozida, a grama crua pudesse prejudicá-la. Imaginem também como seria a vaca hoje se ela tivesse consumido capim cozido durante milhares de anos, sem refletir por um momento que o que ela estava fazendo era um ato antinatural. No entanto, esta é a posição em que os fanáticos adoradores da carne de hoje se colocaram.

A luta contra as doenças infecciosas parte de uma posição completamente equivocada. A diminuição da taxa de mortalidade por doenças infecciosas foi conseguida não através do reforço da resistência do corpo, mas sim da mitigação das condições externas que espalham as infecções. Com o passar do tempo, o poder de resistência do homem foi tão enfraquecido que, se eliminássemos as comodidades proporcionadas pelas habitações modernas, pelos sistemas centralizados de abastecimento de água, pelo saneamento urbano, pelo isolamento dos pacientes, etc., e regressássemos às condições que prevaleciam há 200 anos, o a raça humana seria aniquilada através de várias doenças epidêmicas dentro de poucos anos.

De qualquer forma, ainda hoje as autoinfecções, como as que dão origem a condições catarrais, desenvolvem-se rapidamente e tornam-se um desastre inevitável para toda a humanidade que come alimentos cozinhados. Aproveitando-se da fraqueza das células do falso homem, microrganismos inofensivos tornam-se bastante nocivos. Davydovsky escreve: "À luz dos dados contemporâneos sobre a mutabilidade das bactérias, devemos considerar o postulado de que bactérias patogênicas podem ser produzidas a partir das chamadas bactérias não patogênicas como bastante próximo da realidade. a partir dos bacilos intestinais; os verdadeiros bacilos da difteria podem desenvolver-se a partir dos falsos bacilos. Tais metamorfoses podem ocorrer em todas as variedades de cocos, nos anaeróbios, nos bacilos da peste e da tuberculose e em outros microrganismos. A autoinfecção é especialmente real no custa dos habitantes habituais do corpo humano, da pele e das membranas mucosas."

Em muitas doenças infecciosas não há evidência de infecção. De modo geral, toda doença infecciosa surge pela primeira vez no delicado organismo de alguma pessoa debilitada e depois é transmitida a outras pessoas. Na realidade, cada organismo deste tipo é uma fábrica perigosa para a propagação e disseminação de bactérias patogénicas. Tal fábrica não se encontra entre os que comem carne crua. Assim, o mundo dos que comem carne crua estará para sempre livre de todas as doenças infecciosas.

As opiniões de Davydovsky sobre a autoinfecção podem ser resumidas da seguinte forma: "As principais regiões do nosso corpo onde os processos de autoinfecção se desenvolvem são: a garganta, as amígdalas, o apêndice vermiforme, o intestino grosso, a conjuntiva, os brônquios e as vias urinárias. As doenças auto-infecciosas são: catarro nasal, faringite, colite, disenteria, bronquite, pneumonia, cistite, pielite, nefrite, conjuntivite, afecções inflamatórias da pele, furúnculos, carbúnculos, otite, colecistite, osteomielite, endometrite pós-natal , e assim por diante. De acordo com os dados fornecidos por F. G. Barinski (1949), em apenas 50 por cento de todos os casos de escarlatina e 15 por cento de difteria o contato direto pode ser estabelecido. Em outras palavras, na grande maioria de todos os casos de difteria, não há provas que demonstrem que a infecção é de fontes externas. Mais uma vez, as evidências fornecidas por T. E. Boldyrev (1949) indicaram que 53 por cento dos casos de febre tifóide são de origem desconhecida. O papel das infecções exógenas diminui gradualmente, dando seu lugar às endrogênicas. infecções. Sem qualquer dúvida, no futuro, perceber-se-á que o papel principal é, de facto, desempenhado pelas auto-infecções, especialmente porque ainda não estamos na plena posse do conhecimento necessário que nos permitiria explicar a essência dos mecanismos e condições fisiológicas que alteram a simbiose normal de células e bactérias para um estado de infecção.

"No que diz respeito à etiologia das doenças infecciosas, devemos abandonar as noções concebidas na época de Koch, Ehrlich e Pasteur sobre a natureza 'patogênica' dos microrganismos dos meios externos e internos. que são patogénicos, mas aquelas correlações fisiológicas que existem num determinado organismo num determinado momento e que estão organicamente ligadas às perturbações nos seus sistemas reguladores e mecanismos nervosos. Não existem micróbios "patogénicos" especiais na natureza; existem, no entanto, , uma infinidade de fatores que promovem a suscetibilidade em um sujeito normalmente resistente e vice-versa."

Só podemos tirar uma conclusão de tudo isto. A verdadeira causa das doenças infecciosas não é o micróbio, mas a condição prejudicada dos processos biológicos normais do organismo. Os micróbios sempre existiram, ainda existem e existirão para sempre. A campanha para destruí-los e aniquilá-los é pura loucura. Como resultado de fechar os olhos às verdadeiras causas das doenças, o poder orgânico de resistência do homem foi gradualmente reduzido a tal ponto que os seres humanos já não esperam que a infecção venha de fora, mas sucumbem às bactérias que pululam dentro dos seus corpos. . Pois no organismo humano aquelas mesmas bactérias que são incapazes de causar qualquer dano ao pior dos animais ficam cara a cara com células fracas, inúteis e inativas formadas a partir de carne, pão, manteiga e açúcar. Não é de admirar, então, que eles simplesmente caiam sobre essas células e as devorem avidamente. A pessoa sensata deve limpar o seu corpo de cada uma dessas células inúteis, após o que nenhum micróbio ousará aproximar-se das células jovens, robustas e fortes que terão surgido a partir de frutas nobres, nozes e cereais. Aqui está, de fato, "a essência dos mecanismos e condições fisiológicas que transformam a simbiose normal de células e bactérias em um estado de infecção", cuja explicação Davydovsky não consegue dar.

O papel dos antibióticos como agentes terapêuticos é temporário e enganoso. As pessoas estão gradualmente ficando decepcionadas com eles. Neutralizando os efeitos da actividade bacteriana durante um curto período de tempo, enfraquecem as células e abrem caminho para infecções mais fortes mais tarde.

Tenho a experiência mais íntima com antibióticos. Como resultado da deficiência de recursos naturais

alimentação meus filhos sempre sofreram de febre irregular e persistente causada por autoinfecção e autointoxicação, com temperatura geralmente oscilando entre 37,8°C. e 38°C. Levei meu filho para Paris e o confiei aos cuidados dos mais eminentes "especialistas" de lá. Infelizmente, através da experimentação indiscriminada com antibióticos, aumentaram a sua temperatura para 40-41°C. e degenerando-lhe o coração e os rins, acabaram por matá-lo, sem conseguirem diagnosticar a sua doença.

Exatamente a mesma coisa aconteceu com minha filha, mas com violência ainda maior, dois anos depois. Eu a coloquei no Hospital Infantil Anscharhohe (Kinderkrankenhaus Anscharhohe) em Hamburgo, onde o Dr. Wolfgang Tiling realizou os experimentos mais desumanos em minha pobre criança. Todos os dias extraía uma enorme quantidade de sangue, que submetia a vários exames laboratoriais ou injectava em dezenas de ratos e coelhos, fingindo que, através da multiplicação das bactérias, pretendia identificar o verdadeiro organismo responsável pela doença, mas que não conhecia. não pôde determinar em seus exames clínicos incomuns. Quanto mais subia a temperatura do meu filho, maiores eram as doses dos antibióticos administrados e mais diversas eram as suas variedades. Com o aumento das doses de antibióticos, a temperatura subiu cada vez mais, até flutuar continuamente entre 39°C. e 41°C. e os sinais de nefrite tornaram-se fortemente acentuados. Com seus meios "científicos" acelerou o desenvolvimento da doença, reduzindo sua duração "normal" de quatro anos para um período de apenas um mês. Ele considerava a criança uma cobaia e nos assustou com a falsa crença de que se ela não recebesse cortisona ou não fosse submetida a uma biópsia interna, ela não viveria mais de uma semana.
Foi naquela época que me deparei com o tratado alemão de Bircher-Benner intitulado "Doenças Nutricionais" ("Ernahrungskrankheiten", Erster Teil, 1933). Imediatamente tirei minha filha daquele hospital e a confiei aos cuidados da nutrição natural. Com o movimento repentino de uma varinha mágica, a temperatura do meu filho caiu para a região de 37°-37,5°C. e a quantidade de urina aumentou de 200m1. a dois litros por dia. Uma semana depois, ela se levantou e atravessou a sala para abrir a porta para aquele médico sem coração, que ficou mudo de estupefação e tinha tanto medo da desgraça que, sob um ou outro pretexto infundado, recusou-se a me dar cópias do relatório do hospital. prontuários e exames clínicos.
Se eu tivesse continuado a nutrir a criança com uma dieta puramente crua, ela certamente estaria viva hoje. Mas naquela época eu considerava os alimentos crus um meio terapêutico e ainda tinha fé nas vitaminas artificiais. Para conhecer de perto o sistema nutricional da Clínica Privada do Dr. Bircher-Benner, levei a criança de Hamburgo para Zurique e a mantive naquele sanatório por 23 dias. A propósito, posso mencionar aqui que, infelizmente, após a morte do Dr. BircherBenner, seu sistema de nutrição foi grandemente modificado pela introdução de alimentos cozidos, laticínios, vitaminas e outras drogas. De qualquer forma, encorajado pela rápida melhoria do seu estado, pensei que era possível restaurar a sua saúde, em parte através de nutrientes crus e em parte através de alimentos cozinhados e vitaminas artificiais. De qualquer forma, conseguimos prolongar a vida dela em apenas quatro anos.
Eu mesmo sou um exemplo notável da vitória do homem sobre as autoinfecções. Há mais de 20 anos eu sofria de bronquite crônica a tal ponto que, várias vezes por ano, invariavelmente me deitava na cama com os mais graves ataques de resfriado. Comer alimentos crus, no entanto, mudou tudo isso e embora nos últimos dez anos eu tenha dormido ao ar livre durante todo o ano, às vezes sob a geada fria do inverno de 15,16 graus, com os micróbios ainda em seus lugares, nem uma vez eu tossiu ou sentiu o menor indício de resfriado. A propósito, gostaria de acrescentar que dormir ao ar livre

no Inverno não exige nenhum heroísmo especial. Basta cobrir bem o corpo e manter o rosto aberto ao ar puro. Além disso, é importante abrir mão dos alimentos cozidos para eliminar as causas de passar noites sem dormir e rolar incessantemente na cama.

O câncer é o resultado da extrema degeneração das células

Tal como acontece com todas as outras doenças, as causas do cancro também são facilmente explicadas à luz das leis da natureza.

Os citologistas realizaram uma imensa pesquisa para descobrir diferenças entre as estruturas das células normais e as das células cancerosas. De modo geral, eles descobriram que as células cancerígenas são células de tipos bastante comuns, desprovidas da estrutura e capacidade necessárias para realizar qualquer trabalho útil. O seu único propósito é devorar proteínas (materiais de construção) e multiplicar-se.

Como sabemos, as células do falso homem possuem precisamente as mesmas qualidades. Existe apenas um grau de diferença entre a degeneração sofrida pelas células do falso homem e as células do câncer. No que diz respeito à localização em determinadas circunstâncias, o homem real consegue manter sob seu controle as células do homem falso. Ele os espalha nas extensões livres de seu organismo, preenche com eles as cavidades vazias, dispõe-os sob a pele, mistura-os com suas células normais e assim, pelo menos por algum tempo, mantém os órgãos e sistemas sensíveis de seu corpo livre do perigo de sua pressão. Todos podem ver a olho nu a enorme massa do falso homem, às vezes chegando a pesar de 60 a 70 quilos. Se alguns quilos dessa massa fossem colocados em qualquer glândula ou órgão, a atividade dessa glândula ou órgão certamente ficaria paralisada sob a pressão resultante. É precisamente desta forma que o cancro põe fim à vida de um homem.

As células do falso homem, como as do câncer, surgiram por meio dos alimentos preparados na cozinha com o objetivo principal de atuarem como consumidores ávidos desses alimentos. Pelos esforços defensivos do homem real, as células do falso homem não são capazes de assimilar completamente as enormes quantidades de substâncias não naturais que são introduzidas no corpo através do canal do vício e, conseqüentemente, uma grande proporção dessas substâncias é perdida sem rumo. sendo queimado e transformado em calor supérfluo. Para consumir livremente essas excessivas massas de alimentos, as células do falso homem esforçam-se por obter independência, por se estabelecerem em qualquer localidade que desejarem e por se empanturrarem ao máximo. Quando um ou vários deles conseguem seus esforços, começam a devorar com uma velocidade inacreditável os alimentos que lhes são oferecidos por seu ganancioso mestre. Assim, começando com uma ou duas células insignificantes, surge o monstro que mantém toda a humanidade nas garras do seu terror mortal. Em nenhum dos numerosos processos patológicos encontramos um caso semelhante em que entre um bilhão de células apenas uma ou duas células sucumbem à doença.

O homem perspicaz que tem a perspicácia de ocupar a mente com problemas fundamentais não pode deixar de pensar nas questões estúpidas com as quais os cientistas investigadores desperdiçam o seu tempo, dinheiro e energia. Para explicar a ocorrência do cancro, listaram cerca de 400 agentes cancerígenos diversos, os quais, com excepção dos factores dietéticos, não têm a menor ligação com as causas básicas da carcinogénese. Cada indivíduo deve fazer-se esta pergunta: "Considerando que todos os venenos, raios, irritações crónicas, lesões, queimaduras, vírus, nicotina, alcatrão e uma série de outros agentes possam, como factores prejudiciais, ser capazes de privar as células do seu complexo estrutura e sua capacidade de trabalho, ou de danificá-los, emagrecê-los, esmagá-los e matá-los, mas por que meios possíveis eles poderiam induzir em uma ou duas células um poder de multiplicação tão enorme que lhes permitisse, em um espaço muito curto de tempo, derrubar e depois destruir completamente todo o maravilhoso edifício do corpo humano em sua totalidade?"

Esse terrível poder é diligentemente cozido, assado, preparado e apresentado ao monstro pelo próprio dono do organismo para sua destruição final. O câncer é a prova viva da extrema degeneração das células e o resultado inevitável da nutrição não natural.

Durante as suas investigações, os cientistas deparam-se repetidamente com as verdadeiras causas do cancro. Eles têm nas mãos as provas irrefutáveis, olham-nas durante algum tempo e até confirmam-nas, mas sempre que a questão da mudança dos sistemas alimentares prevalecentes surge na deliberação, fecham os olhos consternados, como se tivessem sido atingidos por um trovão, e sem parar por um momento, eles fogem, porque NÃO DESEJAM ver nada de antinatural em seus hábitos nutricionais. Em particular, NÃO DESEJAM criticar o pão que comem e que durante séculos consideraram uma santidade, sem reflectirem por um momento que, no momento em que chega à mesa, já foi profanado repetidas vezes através da moagem. , peneirar, amassar e assar.

Os citologistas veem claramente que o câncer surge por meio de células que são desprovidas de estruturas especializadas e capacidades operacionais, mas, na sua opinião, todas as células do chamado homem saudável (mesmo que sejam o produto de uma nutrição não natural) são principalmente células totalmente desenvolvidas e perfeitas que mais tarde são privadas de seus atributos normais pela influência de certos agentes cancerígenos. Por outras palavras, a ausência dos mecanismos próprios da fábrica e os defeitos na sua produção estão ligados a todos os factores casuais, mas não têm qualquer relação com os materiais de construção fornecidos a essa fábrica, ou com a natureza e qualidade das matérias-primas. materiais necessários para a produção. Eles NÃO DESEJAM VER que os órgãos de todos os que comem alimentos cozidos são permanentemente inundados com milhares de milhões de células que perderam as suas estruturas e funções adequadas. Citarei agora algumas passagens de "CANCER CELLS" de Cowdry, nas quais o leitor verá claramente quão claras e óbvias são as verdadeiras causas do câncer.

Cowdry escreve (p.11): "Com a perda total ou parcial da função de serviço especializado de seus precursores, as células cancerosas perdem na mesma medida as características estruturais que tornam possível essa função específica. A estrutura não pode ser mantida na ausência de função assim como a função não pode ser mantida na ausência de uma estrutura correspondente". Cowdry esqueceu-se de acrescentar a verdade mais óbvia pela qual o segredo do câncer teria sido resolvido de uma vez por todas. Ou seja, para manter a estrutura e a função as matérias-primas são requisitos essenciais, e quando essas MATÉRIAS-PRIMAS são convertidas em MATÉRIAS COZINHADAS, nem a estrutura nem a função serão mantidas.

Para o crescimento normal das células, Cowdry cita Rusch da seguinte forma: "As células primordiais normais contêm muitos mecanismos potenciais que, em última análise, determinam a diferenciação. Esses mecanismos tornam-se funcionalmente ativos quando os constituintes atingem certos níveis quantitativos" (p. 15). Durante a transformação em câncer, "os carcinógenos induzem uma alteração em uma ou mais funções especiais da célula. A alteração resultante é hereditária". Mas, "as células que sofreram tal alteração hereditária podem exigir a perda adicional de factores acessórios antes de se tornarem neoplasias completamente autónomas" (p. 17). O câncer não é produzido a partir de células totalmente desenvolvidas e especializadas. "O óvulo e o esperma são células altamente diferenciadas que não se tornam malignas e dão origem a cancros constituídos por espermatozoides ou óvulos que se multiplicam sem as restrições habituais e invadem os territórios pertencentes a células normais e bem comportadas" (p. 333).

As principais atividades das células cancerígenas são caçar substâncias nitrogenadas, devorar proteínas animais, arrebatar aminoácidos, sintetizar proteínas anormais e realizar várias outras façanhas de natureza semelhante. O câncer tem sido considerado "como uma 'armadilha de nitrogênio' que remove aminoácidos do corpo sem permitir qualquer retorno apreciável" (p. 39). Mais abaixo é afirmado (ibid.): "O metabolismo do nitrogênio nas células malignas parece ser realizado pela retirada de células bem comportadas, que servem adequadamente ao corpo, materiais extremamente necessários para elas". O enigma teria sido prontamente resolvido se as palavras "extremamente necessário" tivessem sido substituídas pelas palavras "EXTREMAMENTE INÚTIL E PREJUDICIAL". Christensen e Henderson (1952) consideraram a superioridade no acúmulo de aminoácidos pelas células do carcinoma "um fator significativo no crescimento e multiplicação da célula neoplásica em um animal em debilidade" (ibid.). Na sua opinião, o animal foi desperdiçado não pela ausência de alimentos naturais, mas pela deficiência na quantidade de aminoácidos.

As células cancerígenas sintetizam proteínas continuamente. Cowdry escreve (p. 152): "A malignidade tem sido frequentemente considerada associada a uma anormalidade na síntese de proteínas e à possível formação de proteínas anormais. Há uma síntese líquida contínua de proteínas e nucleoproteínas para fornecer nova substância celular em tumores em crescimento, enquanto a síntese desses materiais em tecidos normais que não crescem é equilibrada por uma degradação equivalente." Em outro lugar ele cita Caspersson (1950): "Entre a célula tumoral maligna e a célula de crescimento normal parece existir uma diferença fundamental no que diz respeito ao desenvolvimento do sistema de formação de proteínas. Na célula tumoral maligna, o mecanismo inibitório endocelular, que normalmente limita a atividade do sistema formador de proteínas, deixou mais ou menos de funcionar, levando a alterações específicas no quadro citoquímico" (pp. 10-102). Será necessário sublinhar que as proteínas em questão não são as proteínas obtidas a partir de uvas ou maçãs, mas sim aquelas cozinhadas ou assadas na cozinha e rejeitadas pelas células normais?

Outras investigações científicas demonstraram que a quantidade de gorduras nas células cancerígenas está acima do normal, enquanto a de vitaminas e minerais, por outro lado, está abaixo do normal.

Cowdry admite que "as células, malignas ou não, são pequenos indivíduos quase inconcebivelmente complexos. Talvez cada uma possa ter até 10.000 constituintes bioquímicos diferentes, variando de íons inorgânicos às proteínas e nucleoproteínas mais complexas, que interagem direta ou indiretamente entre si. ..o equilíbrio das atividades em uma célula viva, que é a expressão geral aberta da vida da célula, deve ser uma função, a qualquer momento, de interações cinéticas muito complexas entre esses materiais. Para definir completamente o estado de qualquer célula, é necessário precisaríamos descrever em termos cinéticos as múltiplas relações envolvidas. Como não é viável determinar quantitativamente mais do que algumas variáveis de cada vez, podemos obter apenas uma visão muito limitada de toda a situação complexa. As formulações matemáticas que tratam de 4 ou Os sistemas de 5 componentes apresentam dificuldades tremendas, muito menos aqueles que lidam com milhares de variáveis" (pp. 151-152). Assim, os nossos cientistas, em cujas mãos está o destino de toda a humanidade, sabem infinitamente pouco sobre a estrutura das células. No entanto, apesar da escassez do seu conhecimento, ignoram os cálculos do engenheiro que construiu essas células complexas e induzem as pessoas a acreditar que, através dos seus próprios cálculos precisos, podem determinar os requisitos qualitativos e quantitativos exatos dessas células. no que diz respeito a proteínas, gorduras, carboidratos, vitaminas, minerais e assim por diante.

Eles chegam ao ponto de primeiro desprezar a sabedoria do engenheiro-chefe, não aprovando o que ele ordenou, e depois inventar várias substâncias em suas fábricas e oferecê-las a nós. Deixe o leitor decidir por si mesmo se suas ações são ridículas ou deploráveis.

Foram recolhidas provas consideráveis por investigadores que demonstram que a frugalidade ou as restrições alimentares previnem, ou pelo menos limitam, a incidência e o crescimento do cancro. Durante a Primeira Guerra Mundial, sob o severo racionamento de alimentos então em vigor na Dinamarca, Rússia, Alemanha e Áustria, as mortes por cancro foram menores do que após a abolição do racionamento no final da guerra. Na opinião de Hindhede (1925) a superalimentação contribuiu para este aumento subsequente na incidência de morte.

Cowdry cita exemplos de experimentos realizados em animais: "O crédito é dado a Moreschi (1909) por McCay (1947) por estender o trabalho de investigadores britânicos anteriores, tendendo a mostrar que a restrição alimentar previne, ou retarda, o crescimento de tumores em animais. Os sarcomas transplantados por Moreschi em camundongos consumiram uma proporção aproximada da quantidade de alimento fornecida. Os camundongos com dietas restritas viveram mais e o transplante de tumores neles foi mais difícil do que em camundongos totalmente alimentados.

"McCay e seus associados fizeram estudos notáveis em ratos retardados pela redução da energia da dieta a um valor adequado para a manutenção, mas insuficiente para o crescimento. Um grupo foi assim mantido jovem por mais de 700 dias e outro por mais de 900 dias sem podendo crescer até a maturidade, apesar do fato de que a duração média de vida desse tipo de rato em condições normais é de aproximadamente 600 dias. Quando recebem calorias suficientes, os ratos retardados amadurecem e podem viver um total de 1.400 dias ou mais - mais do dobro sua expectativa de vida normal" (pp. 394-395). Novamente, de acordo com McCay, Sperling e Barnes (1943) "o desenvolvimento de tumores foi insignificante em ratos cujo crescimento foi retardado até depois de terem atingido a maturidade" (p. 396). Que resultados maravilhosos não seriam obtidos se esses ratos fossem alimentados com uma dieta restrita de alimentos exclusivamente crus.

Outras experiências mostraram que 150 casos de tumores se desenvolveram entre 198 ratos alimentados com dieta "normal", contra apenas 38 tumores entre 200 ratos retardados – animais parcialmente privados da chamada dieta normal. dieta que espalha uma matança tão cruel e encurta várias vezes a duração da vida?
Esforços foram feitos em vários momentos para elucidar a relação entre o peso corporal e a mortalidade por câncer com base nas estatísticas de seguros de vida. Em 1913, um comitê conjunto da Associação de Diretores Médicos de Seguros de Vida e da Sociedade Atuarial da América tratou de 774.672 apólices adquiridas por homens com idades entre 20 e 62 anos. Verificou-se então que para os homens que faziam seguro aos 30-44 anos de idade as taxas de mortalidade por cancro eram para os com excesso de peso 37, para os de peso normal 32 e para os com baixo peso 24, calculadas em 100.000. Para o grupo mais velho de 45 anos ou mais, as taxas correspondentes foram de 156, 144 e 120, respectivamente. De acordo com os registros da Union Central Life Insurance Company, analisados em 1932, as seguintes eram as taxas de mortalidade por câncer, começando com 25% ou mais de sobrepeso, até 50% de baixo peso: 143, 138, 121, 111, 114 e 95, o número de 111 referente ao peso "normal". Ainda mais recentemente, de acordo com o Boletim Estatístico da Metropolitan Life Insurance Company (1951), a mortalidade dos homens com excesso de peso devido às doenças cardiovasculares e renais era novamente metade do padrão e a da diabetes era cerca de quatro vezes o padrão. Estas são as graças que o falso homem concede à humanidade.
Entre 1900 e 1950, o aumento das taxas de mortalidade por doenças cardiovasculares e cancro nos Estados Unidos da América foi o seguinte. Em 50 anos, a taxa de mortalidade por cancro aumentou de 64 para 139,6 por 100.000 habitantes, enquanto a de doenças cardiovasculares avançou de 244 para 478,1. No geral, em 1950, das 803,9 mortes por 100.000 habitantes devido às dez principais causas, as doenças cardiovasculares e o cancro representaram 617,7. Ainda mais significativos são os últimos números disponíveis, referentes ao ano de 1964. A taxa de mortalidade por cancro avançou agora para 151,3, enquanto a de doenças cardiovasculares aumentou para 508,6, dando um valor combinado de 659,9 num total de 939,7 de todos causas. Estes são os resultados surpreendentes do "progresso" da medicina; o resultado chocante da multiplicidade de médicos, hospitais e medicamentos; os inevitáveis

produtos do "refinamento e purificação" dos alimentos. Pode-se muito bem imaginar a situação se o actual "progresso" continuar por mais 50 anos.

De acordo com as estatísticas oficiais dos Estados Unidos da América relativas a 1964, apenas 1,4 por cento do número total de mortes foram atribuíveis a "sintomas, senilidade e condições mal definidas". Nesta categoria a senilidade é uma mera conjectura, claro, porque entre aqueles que consomem alimentos cozidos ninguém chega à velhice. Ao passo que, sob condições realmente civilizadas, salvo acidentes e contratempos, toda a humanidade morreria numa idade avançada.

Entre os animais selvagens em ambiente natural a ocorrência de cancro é desconhecida. Depois de submeter macacos em cativeiro a alimentos degenerados durante períodos prolongados de tempo, contudo, foi possível observar um ou dois tumores semelhantes ao cancro. "O único grande grupo de organismos para os quais a evidência da ocorrência ocasional de câncer está totalmente ausente habita as profundezas do oceano", declara Cowdry (p. 196). Isto acontece porque as mãos destrutivas da humanidade não os alcançaram. A sua imunidade é ainda mais notável tendo em conta o facto de o seu mundo ser muito maior que o nosso, tanto em área como em população.

Como dissemos, durante a sua investigação, os cientistas deparam-se com as causas básicas do cancro, olham-nas e confirmam-nas, mas passam por elas com total indiferença, como se a sua busca fosse outra coisa. "A ideia de que alguns componentes da dieta ingeridos em quantidades excessivas, ou pela sua ausência, podem causar cancro no homem, está a ganhar terreno a partir de outra fonte.

Alterações experimentais nas dietas dos animais podem fazer toda a diferença na subsequente presença ou ausência de câncer" (p. 220).

Eles até percebem diretamente os efeitos dos alimentos naturais. Cowdry é bastante explícito neste ponto: "Finalmente começa a surgir o fato de que há menos predisposição ao desenvolvimento de tumores em alguns animais quando são alimentados com alimentos naturais do que quando são alimentados com alimentos altamente purificados. Silverstone, Solomon e Tannenbaum (1952) observaram que menos hepatomas benignos se desenvolveram em camundongos DBA machos com uma dieta de Purina Laboratory Chow composta principalmente de alimentos naturais do que em outros com uma dieta composta de componentes semipurificados, principalmente caseína, amido de milho, óleo de semente de algodão parcialmente hidrogenado, vitaminas sintéticas e um mistura de sal. Além disso, dietas semi-purificadas administradas a camundongos machos C3H aumentaram o desenvolvimento de hepatomas benignos. A diferença no desenvolvimento do tumor está correlacionada com diferenças perceptíveis na ingestão calórica, no peso corporal ou na proporção de proteínas, gorduras, vitaminas e minerais na dieta. Os autores têm o cuidado de salientar que não se deve presumir que outros tipos de tumores respondem de forma diferente" (pp. 403-404).

"Engel e Copeland (1952) descobriram que ratos AES e SpragueDawley desmamados alimentados com alimentos naturais (dietas estoque) desenvolveram menos tumores mamários induzidos pelo carcinógeno, 2-acetilaminoflureno, do que aqueles alimentados com dietas semipurificadas. A diferença foi considerável" (p. 404) .

O leitor sem dúvida observou que tipo de alimento eles dão aos ratos experimentais: materiais altamente purificados como caseína, amido, óleo de algodão, vitaminas sintéticas e sais. A mistura dessas substâncias é erroneamente chamada de "dieta normal" pelos cientistas pesquisadores. Eles coletam ratos 100% livres de câncer nos campos e os aprisionam em gaiolas, tratam as pobres criaturas como crianças "delicadas", cruzam-nos por consanguinidade, alimentam-nos com a "dieta normal" e depois de algumas gerações os transformam no que eles chamam de "linhagens puras de ratos". Segundo eles, essas "linhagens consanguíneas de camundongos" estão em uma condição patológica especial, na qual até 80% de algumas linhagens são suscetíveis a tumores "espontâneos" de "causas desconhecidas". Todos os viciados em comida estão num tipo de condição patológica exatamente semelhante.

Vejamos agora se os cientistas são capazes de tirar quaisquer conclusões úteis das impressionantes evidências acima. A resposta, infelizmente, é negativa. Na verdade, Cowdry faz um grande esforço para rejeitar os dados mais valiosos, para que nenhum dos seus leitores seja tolo o suficiente para pensar em renunciar a uma ou outra das inúmeras variedades de alimentos e bebidas, que são comumente consideradas como os ataques da civilização. Isto é o que ele diz: "É necessário cautela na leitura da produção de dados sobre câncer humano em animais, especialmente em relação à dieta. O homem, exceto quando está próximo do nível de fome, é um comedor onívoro, acostumado à ingestão de uma grande variedade de alimentos. colhidos em vários cantos do mundo; enquanto os animais são ajustados a dietas bastante uniformes e simples de origem local" (p. 220). Deixe o leitor julgar por si mesmo o enorme equívoco do autor.

"Consideradas suscetibilidades hereditárias artificialmente acentuadas ao câncer nessas linhagens de camundongos isoladas, mimadas e protegidas, estreitamente endogâmicas, como então os cânceres são realmente produzidos neles?" pergunta Cowdry (p. 350), sem conseguir encontrar uma resposta para a pergunta.

"O reconhecimento de uma forte suscetibilidade hereditária específica de órgãos em certas linhagens de camundongos destaca nossa ignorância quanto à natureza dos carcinógenos aos quais as células são suscetíveis. Esses camundongos levam uma existência muito protegida em gaiolas. Geralmente são mantidos em salas com ar condicionado. e sua dieta é notavelmente constante. Eles não estão expostos a nenhum agente cancerígeno físico, químico ou biológico conhecido" (pp. 349-350). Cowdry fecha deliberadamente os olhos ao facto de que os verdadeiros carcinógenos físicos, químicos e biológicos são as mesmas condições que ele próprio criou para aqueles pobres ratos. Estas incluem privá-los do seu ambiente natural e alimentação, isolá-los e encerrá-los em jaulas isoladas, abrigá-los, mimá-los e protegê-los, procriá-los artificialmente, mantê-los imperturbáveis em quartos com ar condicionado e alimentá-los com caseína, amido de milho, óleo de semente de algodão, vitaminas e sais sintéticos.

Em outro lugar, Cowdry traz duas tabelas de dados experimentais para mostrar modificações no desenvolvimento do câncer por alteração em (a) proteínas dietéticas e aminoácidos essenciais e (b) vitaminas B dietéticas. Ele então faz os seguintes comentários: "Vitaminas e aminoácidos essenciais podem modificar a produção de câncer... É difícil explicar essas e outras descobertas. Não se deve presumir que a substância dietética específica em deficiência ou excesso atue diretamente no tecido no qual ocorre a mudança neoplásica" (p. 401). Isto é claramente uma rejeição dos dados disponíveis. Equivale a dizer que não se deve supor que o funcionamento satisfatório ou insatisfatório de uma fábrica tenha qualquer ligação com a harmonia ou desarmonia das matérias-primas que lhe são fornecidas.

"Seria totalmente prematuro inventar alguma dieta preventiva do câncer para o homem com base nessas descobertas, como Greenstein (1947) advertiu corretamente", escreve Cowdry e depois acrescenta: "Por um lado, a expectativa de vida humana é muito mais longa do que a destes animais experimentais que a adesão a tal dieta hipotética não seria viável ao longo dos muitos anos, chegando em alguns casos a quase um quarto de século, dos períodos de latência na carcinogênese" (p. 401). No entanto, "A subalimentação prolongada em animais reduz definitivamente a incidência de vários tipos de tumores espontâneos" (p. 429).

"Os dados disponíveis referem-se principalmente à incidência de tumores e não à sua taxa de crescimento após terem começado. Os poucos casos em que o crescimento é modificado por factores dietéticos são evidências insuficientes para basear quaisquer medidas terapêuticas no estado actual da nossa conhecimento" (pág. 402). Parece-nos que Cowdry não está interessado em reduzir a incidência de tumores; ele está interessado apenas no problema de encontrar medidas terapêuticas para a cura do câncer e isso não através da retificação de nossos hábitos nutricionais, mas através da ação de uma ou outra pílula fantasiosa.

É interessante saber quando e onde os cientistas irão finalmente perceber as verdadeiras causas do cancro. Até agora foram descobertos cerca de 400 "agentes cancerígenos", sobre os quais Cowdry diz: "Provavelmente menos de um por cento dos cancros enfrentados pelos médicos são os carcinógenos reais, ou combinação de carcinógenos, detectáveis" (p. 390). Contra isto, já vimos como a dieta "normal" (não natural) promoveu tumores em 80 de 100 ratos livres de cancro num caso e em 150 de 198 noutro caso. A restrição parcial dessa dieta reduziu esses 150 tumores para 38; o seu racionamento inibiu consideravelmente a frequência do cancro entre nações inteiras e a sua substituição pela nutrição natural tendeu a prevenir totalmente o desenvolvimento do cancro.Poder-se-ia esperar que Cowdry consideraria agora a nutrição natural como a resposta ao problema do combate ao cancro e pararia de desperdiçar seu tempo em investigações fúteis de todos os outros agentes cancerígenos. Em vez disso, ele nem sequer está pronto para colocar a única causa do cancro, a má nutrição, entre os seus outros factores cancerígenos. Ele chama-lhe apenas um factor "modificador" e subestima-o com argumentos infundados. Ainda intrigado com o comportamento das células malignas, ele escreve (p. 43):

"É quase desnecessário dizer que um Aristóteles, ou um Darwin, se estivesse entre nós hoje, poderia ser capaz de reunir todos os fatos como os conhecemos sobre as células cancerígenas e fornecer uma explicação para seu comportamento maligno. Talvez nos próximos anos no futuro isso será feito e nos perguntaremos por que permanecemos cegos por tanto tempo. Enquanto isso, fazemos progressos hesitantes aprendendo um pouco aqui e ali." Mas peço-lhe que saliente que não é necessário aqui nem um Aristóteles, nem um Darwin. Basta a Cowdry sair dos limites do seu laboratório e, esquecendo por um momento a sua existência, dirigir os olhos para as estrelas, o sol, a lua, as árvores e as flores, mergulhar mentalmente nos seus mistérios e perceber com que regularidade precisa o mundo inteiro gira. Qualquer cientista pode destruir esse mundo e construir o seu próprio mundo em seu lugar? Aquele pequeno grão de milho que brota diante dos nossos olhos é um enorme mundo construído pelo mesmo Criador, pelo próprio Deus Todo-Poderoso. Os cientistas destroem esse mundo vivo, esse mundo em movimento e apresentam à humanidade um mundo de sua própria construção, com o seu pão branco, os seus aminoácidos, as suas vitaminas artificiais e os seus sais sintéticos. É interessante saber se depois de ler estas linhas, os cientistas ainda colocarão o seu próprio conhecimento acima da sabedoria do seu Deus.

Mais adiante, Cowdry enumera muitos casos de desaparecimento espontâneo de tumores malignos e finalmente tira as seguintes conclusões (p. 545):

"1. Alguns cânceres primários muito pequenos aparecem ocasionalmente em grande número na mama, próstata e útero. Muitos deles não se desenvolvem, permanecem latentes por anos ou regridem completamente espontaneamente.

"2. Alterações, geralmente temporárias, no tamanho de cânceres bem desenvolvidos não são raras. Elas podem ser provocadas pela operação de muitos fatores que afetam o volume das células malignas e do estroma.

"3. Alterações inexplicáveis no tipo de tumores malignos ocorrem ocasionalmente sem razão evidente.

"4. Existem vários exemplos registrados de desaparecimento de neuroblastomas em crianças. Em alguns deles, isso está correlacionado com a diferenciação progressiva das células malignas por razões desconhecidas.

"5. Foram descritos alguns casos verificados de regressão completa de cânceres que não podem ser atribuídos ao tratamento administrado. Evidentemente, alguns tipos de células malignas são, em casos extremamente raros, controlados por mecanismos fisiológicos."

Qual poderia ser a causa da regressão espontânea dos tumores, senão alguma mudança fortuita e imperceptível nos hábitos nutricionais do paciente? Só pode haver um método para o tratamento bem-sucedido do câncer. O tumor deve primeiro ser privado de alimentos degenerados e, em seguida, deve ser literalmente deixado de lado e morto, reduzindo-se ao mínimo a ingestão até mesmo de nutrientes naturais. Em caso de necessidade, as células normais também podem ser mantidas num estado de semi-inanição durante um certo período de tempo. Após o desaparecimento do tumor, eles podem facilmente ser restaurados à sua antiga força.

**O trabalho e as despesas de preparação de alimentos cozidos
nada mais são do que puro desperdício**

Como já vimos, o verdadeiro homem vive apenas de alimentos crus. Todos os alimentos cozidos e bebidas consumidos no mundo são perdidos sem rumo. O dinheiro gasto com eles é desperdiçado em vão. À primeira vista, esta afirmação pode parecer inacreditável, mas é a simples verdade, cuja prova obtive pela minha própria experiência pessoal.

No início pensamos que deveríamos aumentar a ingestão de alimentos crus na mesma proporção que reduzimos o consumo de alimentos cozidos, mas logo percebemos que estávamos enganados. Embora no período inicial houvesse uma grande procura de alimentos naturais para restaurar as perdas persistentes sofridas pelo corpo e para reconstruir os órgãos, reforçando-os com novos complementos de células activas, mais tarde essa procura diminuiu progressivamente.

Também ficamos surpresos com a pequena quantidade de comida que nossa filha Anahit consumia. A mãe, com o medo preconcebido da desnutrição, costumava obrigá-la a comer mais, mas a criança recusava-se persistentemente a fazê-lo. Aos poucos, ficou claro para mim que frutas e cereais em estado bruto são nutrientes extremamente concentrados e de altíssima qualidade e, portanto, uma quantidade muito pequena deles satisfaz plenamente as necessidades do nosso organismo. É por isso que uma criança que come alimentos crus nunca deve ser obrigada a comer mais do que deseja. Não é nenhum conto de fadas quando ouvimos falar de uma pessoa que sobrevive meses a fio com um encontro ou uma noz por dia. Os que comem alimentos cozinhados podem deliciar-se com pratos cheios de refeições cozinhadas, porque não contêm nenhum alimento no sentido pleno da palavra.

Os animais herbívoros, por sua vez, consomem enormes quantidades de grama, porque em grande parte essa grama é composta de forragem; os verdadeiros nutrientes contidos nele estão dispersos e em quantidades muito escassas.

Esses animais esvaziam seus intestinos de massas de volumoso várias vezes ao dia, enquanto o comedor normal de alimentos crus sente necessidade de apenas um movimento por dia. A flatulência excessiva, a presença de restos de fruta não digeridos nas fezes e a necessidade de evacuar mais de uma vez por dia são sinais de excesso de alimentação, que o comedor temperado de alimentos crus certamente deve evitar. A quantidade de fruta que normalmente como não é superior à consumida por qualquer comedor cozido que goste de fruta. Acrescento a isto um prato de salada de milho por dia, que serve para colmatar a lacuna nutricional que existe em todos os que comem cozinhados, devido à insuficiência de alimentos naturais. Nesta comida simples não há espaço, é claro, para toda a comida degenerada que eu comia anteriormente.

Qual seria o cenário se o mundo inteiro de repente recuperasse o juízo e adotasse as leis naturais da nutrição? Mesmo que a produção de frutas permanecesse no nível atual, depois de permitir a cada pessoa um prato de salada de vegetais ou de milho por dia e, assim, satisfazer plenamente as demandas nutricionais do mundo inteiro, permaneceriam como excedentes indesejados todos os alimentos de origem animal, açúcar, chá, café, cacau, bebidas alcoólicas e não alcoólicas, tabaco, margarina, bem como a maior parte das leguminosas e cereais hoje consumidos.

Vejamos agora o que acontece, afinal, com todos esses alimentos degenerados que são consumidos no mundo atualmente. Na verdade, é eliminado de três maneiras.

1. Devido à deficiência no complemento de células especializadas, o homem real é obrigado a tolerar a presença de um certo número de células parasitárias formadas a partir de alimentos cozinhados, a fim de manter o volume mínimo dos seus órgãos e sistemas.

2. Uma enorme quantidade de comida degenerada é consumida pelo falso homem.

3. Independentemente de o indivíduo consistir de apenas um corpo ou de ser uma combinação de dois corpos (como mostra sua relativa magreza ou robustez), a porção redundante do alimento, que é introduzida no organismo por meio do vício e que está além do poder de assimilação das células, simplesmente queima e sai do corpo através de vários canais. A quantidade de alimentos assim desperdiçada representa uma enorme proporção da ingestão total de alimentos.

O aspecto mais deplorável da questão é o fato de que as células especializadas gastam grande parte da energia que obtêm dos nutrientes naturais para decompor os alimentos do falso homem, para absorvê-los na corrente sanguínea, para garantir o bom funcionamento dos órgãos excretores e para expulsar do corpo os efeitos nocivos dos alimentos cozinhados. Por exemplo, tendo trabalhado incessantemente o dia todo, as células ativas têm direito a um pouco de descanso; em vez disso, são obrigados a ficar na cama até o raiar do dia para expelir do organismo as calorias extras introduzidas avidamente no corpo pelo falso homem.

No passado, fui dado à gula e ao vício em carne em um grau extraordinário. Como resultado, sofri de insônia durante toda a minha vida. Não me lembro de alguma vez ter ido dormir antes da meia-noite ou de ter acordado cedo o suficiente para ver o nascer do sol. Eu costumava ficar acordado até três ou quatro horas da manhã e acordar às oito ou nove com a cabeça pesada. Felizmente, depois de adotar a alimentação crua, minha insônia desapareceu completamente, mas se algum dia tento comer um grande jantar à noite, sou obrigado a ficar acordado até o amanhecer. Desde os 2 anos de idade, Anahit nunca
acordou durante a noite.

As vitaminas e os sais encontrados nos alimentos cozidos são falsos, mortos, desequilibrados e prejudiciais.

Os alimentos cozinhados nada mais são do que materiais de construção comuns e combustível simples; por outras palavras, são pedras, tijolos e gasolina. As células inúteis formadas a partir de tais materiais de construção são uma carga indesejada nas células normais. O calor obtido desse combustível é excessivo e prejudicial, enquanto a energia gerada a partir dele (energia motriz) é supérflua e inútil. Essa energia põe em movimento os motores da fábrica fora do horário de trabalho; força o coração a trabalhar com o dobro do ritmo normal; perturba o descanso de que tanto necessitam os mecanismos vitais de toda a fábrica, cansando-os e desgastando-os em vão. A insônia é um exemplo de seus efeitos nocivos.

O que acontece quando médicos imprudentes desenvolvem métodos para reduzir a obesidade? Eles planejam uma restrição total na ingestão diária de alimentos, em resultado da qual suas listas de alimentos proibidos incluem artigos dietéticos essenciais e altamente nutritivos como nozes, amêndoas, passas, tâmaras, figos, bananas e mel. Por outras palavras, reduzem o peso da pessoa em tratamento, ao preço de emagrecê-la e enfraquecê-la ainda mais, prejudicando gravemente a sua saúde. Em tais casos, pela redução dos alimentos degenerados, o falso homem perde apenas parte do seu combustível supérfluo, ao passo que pela restrição dos alimentos naturais as células normais são privadas de alguns nutrientes extremamente essenciais. Segue-se, então, que o homem falso permanece firme em seu lugar, enquanto o homem real fica ainda mais emaciado.

Encontramos um exemplo muito divertido do efeito da dieta restrita durante o estudo do câncer. Ao discutir esta questão, Cowdry afirma: "É evidente que a redução na incidência do cancro da mama, provocada por restrições alimentares, está ligada à diminuição da actividade ovárica em ratos" (op. cit. p. 398). O que mais queremos? A causa do câncer de mama foi assim descoberta. Resta agora aos médicos pôr fim completamente à actividade ovárica nas mulheres, a fim de salvá-las inteiramente do cancro das glândulas mamárias.

Mas certamente há uma explicação bastante simples do que realmente acontece. A LIMITAÇÃO IMEDIATA da ingestão de calorias tem dois efeitos contrários no organismo. Por um lado, o consumo restrito de alimentos degenerados inibe a formação de câncer, enquanto, por outro lado, a ingestão reduzida de alimentos naturais interfere na atividade normal dos ovários.

A ciência médica está cheia dessas contradições deploráveis. Quando uma determinada doença atrai para si as correntes nocivas de alimentos não naturais, o organismo do paciente adquire imunidade parcial contra alguma outra doença. Por exemplo, as pessoas que sofrem de diabetes, arteriosclerose e certas doenças infecciosas estão menos sujeitas ao cancro. Experimentos insanos foram feitos para submeter as pessoas à influência de várias bactérias para a suposta prevenção do câncer. O mesmo acontece em menor escala durante as vacinações, quando, ao induzir formas mais ligeiras de uma doença, as crianças ficam protegidas contra ataques graves mais tarde. No momento em que os homens decidirem salvaguardar a saúde dos seus filhos através de leis naturais, tais medidas não naturais tornar-se-ão desnecessárias, as crianças inocentes serão libertadas de mutilações desnecessárias e a questão da vacinação passará para a história.

Experimentos mostram que, uma vez criado o falso homem, restrições alimentares parciais não são capazes de impedir seu desenvolvimento. Mesmo uma degeneração de 10-15% nos alimentos é suficiente para mantê-lo vivo. O homem sensato deveria tomar cuidado para não fornecer a esse monstro um único grão de alimento. Limpei completamente as articulações dos pés de todas as concreções gotosas, mas se em algum momento tiver a oportunidade de comer carne, algumas horas depois, golpes de martelo me informam que o ácido úrico penetrou nas articulações dos dedões dos pés. Muitas vezes eu costumava fazer esses experimentos nos primeiros anos de meus estudos sobre alimentação crua. Obviamente, os locais limpos de ácido úrico ainda estão vazios e os caminhos que levam a eles estão abertos. Assim que um pedaço de carne é introduzido no corpo, ele é convertido em ácido úrico, que então se apressa em ocupar o lugar que lhe foi designado.

As células do falso homem também não recuam com facilidade. Eles ficam emboscados, meio mortos, mas na expectativa. Assim que um pedaço de comida degenerada chega até eles, eles começam a reviver e a se multiplicar. O controle do peso corporal deve ser inteiramente entregue aos alimentos naturais. Quem sugere que emagrecer demais não faz bem à saúde está, na verdade, recomendando que você alimente e alimente dezenas de quilos de células doentes e parasitas para manter a gordura do seu corpo. Simultaneamente com a morte do falso homem, a nutrição natural irá, lenta mas seguramente, aumentar o peso do homem real para o padrão normal exigido pela natureza.

Depois de se livrar dessas massas inúteis de carne, o homem que anteriormente carregava seu corpo com 40-50 quilos de células doentes e não conseguia subir um degrau sem a ajuda de um suporte, agora será capaz de subir montanhas correndo sem virar um fio de cabelo. Essa pessoa nunca deveria se preocupar com sua rápida perda de peso; pelo contrário, ele deveria estar feliz com isso. Uma pessoa sensata não deveria tolerar um único grão de carne inútil em seu corpo. Em suma, todos deveriam finalmente perceber que pela introdução de cada pedaço de comida cozida em seu corpo ele alimenta o falso homem, seu inimigo implacável, seu carrasco insensível; ele sustenta todas as doenças conhecidas e desconhecidas; ele abre o caminho para sua própria morte.

Na opinião de quem come cozido é preciso comer bem para manter uma boa saúde. Na sua opinião, um estômago vazio significa um corpo faminto. Ele não sabe que o homem de estômago cheio é realmente um homem doente. Seu estômago tem dificuldade para expelir os alimentos não naturais no tempo adequado. O estômago do comedor de cru, por outro lado, está sempre vazio ou, pelo menos, é tão leve que ele não sente a presença de nada ali. Ele sente a plenitude de suas entranhas, porque é para lá que a comida que comeu é imediatamente transferida. Mesmo o excesso de comida não permanece no estômago por muito tempo; passa rapidamente para o intestino e, digerido ou não, sai do corpo sem causar o menor dano ao organismo.

Portanto, nenhum gás é gerado no estômago de quem come carne crua. Se for consumida uma quantidade excessiva de alimentos, podem ser gerados gases nos intestinos, mas eles tendem a deixar o corpo pela via normal. Quem come alimentos crus vê a diferença entre os dois sistemas de nutrição com ainda mais clareza quando tenta jantar bem depois de alguns meses de abstinência. É então que ele se pergunta como pôde ter arrastado uma existência tão doentia e miserável e ter considerado normal esse modo de vida repugnante.

A medicina do comedor de cozido é uma ciência totalmente errônea

Como vimos, as doenças surgem pela dissipação das matérias-primas integrais da fábrica humana. Portanto, a saúde só poderá ser recuperada se a integridade desses materiais for restaurada. Mas qual é a base de toda a atividade da ciência médica moderna? O que exatamente os médicos realizam? Eles fazem tentativas vãs de restaurar essa integridade por meio de alimentos degenerados, vitaminas artificiais, sais, hormônios e uma infinidade de misturas venenosas, e ao mesmo tempo removem e descartam glândulas e órgãos inteiros que ficaram irreparavelmente danificados e incapacitados como um resultado da desintegração das matérias-primas naturais.

Toda a humanidade vive num estado de terrível ignorância. Na opinião dos viciados em comida, o consumo de alimentos cozidos é algo bastante natural, enquanto a alimentação pelas leis da natureza é uma experiência, e ainda por cima uma experiência perigosa. Na realidade, os homens destruíram involuntariamente o EQUILÍBRIO PERFEITO desenvolvido pela natureza, e durante milhares de anos têm feito EXPERIÊNCIAS SEM SENTIDO por meio de alimentos cozinhados, preparações artificiais e substâncias venenosas para encontrar um novo equilíbrio, o seu próprio equilíbrio. Os resultados imediatos dessas experiências são as numerosas doenças que prevalecem no mundo hoje.

Quando convido as pessoas a adotarem a alimentação crua, não proponho uma nova experiência. Pelo contrário, exorto-os a PARAR COM AS EXPERIÊNCIAS ABSURDAS QUE ESTÃO SEMPRE EM ANDAMENTO E A VOLTAR AO MODO DE VIVER NATURAL. Portanto, desde que não seja desprovido de bom senso, o leitor não deve esperar que outros realizem aquela "nova experiência" e lhe informem do resultado. Ele deveria parar imediatamente com seus experimentos perigosos e voltar ao modo de vida normal.

Os produtos finais de todas essas experiências, as obras-primas dos laboratórios de investigação do homem, são as pílulas e os pós com os quais os cientistas desejam alimentar o mundo,* enquanto as obras-primas do laboratório da natureza são o trigo, a noz e a maçã. Todos devemos fazer uma escolha entre estes dois. Todos os alimentos cozinhados são substâncias artificiais desprovidas das suas qualidades naturais. Eles têm tanto valor nutritivo quanto os amplamente anunciados comprimidos vitamínicos e extratos alimentares.

Existem muitas espécies de criaturas vivas no vasto reino animal. Não têm médicos, nem hospitais e farmácias, mas, com exceção daqueles que estão sob os cuidados do homem, vivem sem sucumbir às doenças e completam o tempo de vida adequado à sua constituição física, variando de alguns dias a centenas de anos. Devido à estrutura perfeita do seu corpo, o ser humano deveria desfrutar de uma vida mais longa e saudável do que qualquer outra criatura nesta terra. Mesmo na ausência de uma alimentação completamente crua, há casos registados de homens que conseguiram atingir as idades de 150-180 anos, simplesmente por viverem em condições onde a degeneração extrema dos alimentos é evitada. O próprio facto de a maioria das pessoas viver menos é uma indicação clara de que algo está errado com o seu modo de vida. Os animais alimentam-se principalmente de folhas verdes e caules de plantas. A humanidade tem à sua disposição os nutrientes mais saudáveis e concentrados da mais alta qualidade que, passando pelas folhas e caules, pelos troncos e ramos daquelas plantas, se reuniram nas suas sementes e frutos. Esses nutrientes foram criados especialmente para a nutrição do organismo humano.
Chegou a hora de os biólogos admitirem que se desviaram do caminho correto e estão conduzindo suas investigações em locais errados. Devem confessar, além disso, que não é possível compensar as perdas de constituintes nutritivos naturais através de preparações artificiais; que os venenos não têm capacidade de restaurar as degenerações dos diversos órgãos; que nossos órgãos e glândulas são partes inseparáveis do nosso corpo e por isso não devem ser mutilados ou removidos. Hoje estou mostrando a eles um método muito simples e fácil de aliviar o corpo humano de todas as doenças de forma eficaz e conclusiva. É A DESTRUIÇÃO DAS CÉLULAS DOENTES E INÚTEIS DO CORPO, **AO CORTAR O FORNECIMENTO DE ALIMENTOS NÃO NATURAIS, E SUA SUBSTITUIÇÃO POR CÉLULAS SAUDÁVEIS E ESPECIALIZADAS PRODUZIDAS A PARTIR DE NUTRIMENTOS NATURAIS. Para estarem plenamente convencidos da validade dos meus argumentos, bastam alguns meses de trabalho.
Qual deveria ser o objetivo dos médicos e biólogos, senão libertar a humanidade das doenças? Comer alimentos crus é a forma de alcançar esse objectivo. Eles devem declarar imediatamente se desejam, de facto, ver um mundo livre de doenças. Se conseguirem provar que os seus próprios cálculos são mais precisos do que os cálculos feitos pela natureza, e que os que comem carne crua em todo o mundo sucumbem às doenças em vez de recuperarem a saúde, retirar-me-ei imediatamente da arena em companhia dos meus livros e então mantenha minha paz. Caso contrário,

---

*Para obter um exemplo disso, consulte a página 134.

certamente não poderão forçar a humanidade a suportar doenças apenas para manter abertas as portas dos hospitais e das farmácias.

Devem reconciliar-se com a ideia de que doravante a preparação de alimentos cozinhados e as suas recomendações serão consideradas como crimes contra a humanidade como um todo, e os "tratamentos" por meio de venenos como a feitiçaria da era da alimentação cozinhada. Médicos sábios e humanos interromperiam imediatamente essas recomendações e convidariam as pessoas a submeterem-se às ordenanças da natureza. As mãos do médico que ainda tem uma centelha de consciência no coração deveriam tremer ao escrever os nomes de substâncias venenosas e vitaminas artificiais, e seus lábios deveriam tremer ao pronunciar os nomes dos alimentos cozidos. As suas operações equivalem a condenar pessoas inocentes à morte. Que isso seja percebido por todos os pais também.

Talvez alguns dos meus leitores não gostem do meu tom de escrita. Na opinião deles, minhas expressões deveriam ser preferivelmente mais científicas (adornadas com uma terminologia latina ininteligível para a maioria das pessoas), mais conciliatórias (complacentes), mais sérias (hipócritas), mais comprometedoras (inescrupulosas), mais corteses (mentirosas) e mais diplomáticas (covardemente). Mas prefiro ser decidido, sincero e ousado. E é assim que serei, mesmo que encontre o mundo inteiro contra mim. Estou confiante de que serei apoiado por todas as pessoas sensatas e justificado pelas gerações futuras.

Quando considero a recomendação da canja de galinha, da gema do ovo, do fígado frito ou da compota aos inválidos, e especialmente às crianças pequenas, um acto criminoso, não estou a fazer uma acusação caluniosa. Nem peco contra a verdade quando considero feitiçaria todas aquelas operações médicas nas quais, em vez de limpar os vasos sanguíneos do paciente que está à beira da morte com a ajuda da nutrição natural, fortalecem os músculos do seu coração e concedendo-lhe uma nova vida a partir de 40,50 anos, dilatam seus vasos por meio de irritantes venenosos, estimulam as funções do coração pelos "chicotes do chicote", reduzem a quantidade de sangue por sangria ou degeneram e diluem-no por meios artificiais. Bircher-Benner e muitos outros cientistas conscienciosos também consideraram tais operações como feitiçaria, engano e bufonaria.

Certamente não sou culpado de imodéstia quando, confiando nos meus meios pessoais e extremamente limitados, realizo investigações meticulosas e depois, com base nas minhas descobertas, declaro que os citologistas são culpados de infantilidade quando queimam pela primeira vez milhares de constituintes nutritivos em substâncias naturais. alimentos e submeter as células a uma degeneração extrema, e depois desperdiçar milhões de dinheiro público em tentativas vãs de devolver a essas células TODOS OS SEUS MECANISMOS E FUNÇÕES PERDIDOS pela descoberta de uma ÚNICA SUBSTÂNCIA ARTIFICIAL.

Tomemos como exemplo o médico a quem entreguei meus dois adoráveis filhos. Em primeiro lugar, sob o pretexto de ajudar a digestão e sustentar as forças, proibiu-lhes frutas cruas e recomendou compotas e "refeições nutritivas". Mais tarde, a respeito das autointoxicações e autoinfecções decorrentes daquelas recomendações como a malária, prescreveu doses aterrorizantes de quinino e, ainda mais tarde, por meio de inúmeros exames e experimentos, as mais rigorosas "dietas" e enormes quantidades de vários medicamentos e antibióticos modernos, ele privou as crianças das suas últimas reservas de energia. Tal médico foi certamente culpado do CRIME MAIS ABOMINÁVEL, embora tenha feito tudo sem querer. Agora, para que ele não repita a mesma ofensa contra outras crianças, devemos trazer-lhe a culpa e fazê-lo perceber que é culpado do crime mais hediondo. Se as drogas que os meus filhos tomaram durante 14 anos fossem usadas de imediato, todo um exército seria completamente aniquilado.

A posição é mais ou menos a mesma hoje. Nesta época de progresso científico, ainda vejo numerosas crianças pálidas e debilitadas, cujas mães recorrem a todo o tipo de incentivos e ameaças para as obrigar a comer arroz, carne, ovos, pão branco, manteiga e pastelaria, ao mesmo tempo que as obrigam a comer estritamente proibir-lhes pepinos e bananas por "serem indigestos", cerejas e uvas por "causarem diarreia" e amoras e melões por "causarem febre". Como posso tolerar com indiferença esta situação deplorável?

Todo mundo sabe o quão complexa é a estrutura do organismo humano. Um grão de milho tem precisamente a mesma estrutura complexa. Quando o fazemos brotar, ele se torna um corpo ativo e próspero que vive e respira como um homem, só que não pode falar nem andar. Os milhares de substâncias indispensáveis ao funcionamento regular de todos os grandes e pequenos componentes do nosso corpo são nele acumulados nas quantidades necessárias e pelos cálculos mais precisos. Quando transformamos o trigo vivo em pão, destruímos todas as substâncias nele contidas, salvo as suas cinzas: o amido morto e o açúcar. Imaginando que essas cinzas sejam um verdadeiro alimento, a mãe bem-intencionada as dá ao filho, mas tem medo de dar-lhe o trigo vivo.

Da mesma forma, todos os alimentos cozinhados do mundo, que as pessoas míopes consideram como um bom alimento, nada mais são do que montes heterogéneos de cinzas odoríferas e altamente condimentadas. As vitaminas e as ripas neles descobertas pelos biólogos são substâncias não naturais e sem vida.

Assim que a célula vegetal viva é cozida, ela deixa de ser alimento; sai do seu estado natural e se transforma em algo artificial. Quando uma mãe dá ao seu bebé o primeiro pão, leite em pó ou algum outro alimento cozinhado, ela começa a usar essas substâncias artificiais para realizar as experiências mais cruéis e desumanas no seu filho.

O erro básico da ciência médica reside na sua deplorável miopia. Mesmo um citologista eminente como Cowdry considera alimentos vivos e perfeitos como trigo, sementes e frutas como "dietas bastante uniformes e simples de origem local". Em contraste, ele considera os montes coloridos de cinzas que são consumidos pelos homens como "uma grande variedade de alimentos colhidos em muitos cantos do mundo" (op. cit. p. 220), e espera que um Aristóteles venha e lhe mostre o verdadeira diferença entre os dois.

Embora desafie fortemente o actual sistema terapêutico, não guardo ódio contra ninguém. Limito-me a alimentar um profundo sentimento de piedade por todos os homens e mulheres, sem excepção, porque têm cometido esses crimes contra as suas próprias pessoas, contra as suas relações e contra a humanidade, involuntariamente e sem reflexão. Mas aqueles que persistirem nos seus erros depois de lerem estas linhas serão condenados por todo ser humano inteligente.

Chegou o momento em que os biólogos devem escolher um dos dois caminhos que lhes são abertos. Ou eles devem aceitar a infalibilidade da Natureza, curvar-se diante da sua sabedoria suprema e libertar a humanidade de todos os seus sofrimentos de uma só vez ou, ignorando as leis da Natureza e confiando apenas no seu próprio julgamento, devem considerar o pão branco superior ao trigo vivo, consideram o artificial preferível ao natural e persistem em seus experimentos prejudiciais como antes. Qual será o resultado então? Suponhamos que o actual estado de coisas continuasse por mais algumas gerações, durante as quais a quantidade de drogas realmente duplicasse; o número de vitaminas artificiais quadruplicou, cada casa foi convertida em hospital e cada indivíduo tornou-se médico. O que deveríamos ganhar com tudo isto, quando os próprios médicos sucumbem às doenças com mais frequência do que qualquer outra classe de pessoas e geralmente morrem antes de todos os outros?

Toda a responsabilidade de desorientar o mundo recai sobre os principais especialistas: os biólogos investigadores e os professores de medicina. Os médicos comuns não devem ser culpados, porque apenas colocam em prática o que lhes foi ensinado pelos seus professores. Nenhum engenheiro é encarregado da manutenção de uma fábrica antes de estar familiarizado com todos os detalhes de sua operação. Certamente não é possível preencher um grupo de pessoas com alguns fragmentos elementares de conhecimento, conjecturas fantasiosas, suposições hipotéticas e teorias contraditórias, e então conceder-lhes total liberdade para brincar com a vida de seus semelhantes por meio de milhares de venenos, torturantes instrumentos e ordens caprichosas, e tudo isso sem qualquer impedimento ou impedimento. Suponhamos por um momento que todos os livros e enciclopédias médicas do mundo estejam corretos. Então; para memorizá-los, um médico precisaria de uma dúzia de vidas e mesmo assim não seria capaz de compreender uma milésima parte dos inúmeros processos que operam no organismo humano.

Se um paciente com uma doença crônica consultasse cem médicos, receberia centenas de prescrições e recomendações diferentes. Pois os médicos apenas fazem experiências e experiências muito culpáveis. Como diz Bircher-Benner: "Os pacientes com doenças crônicas nos deixam com suas condições agravadas, enquanto aqueles com doenças agudas se recuperam independentemente das medidas por nós tomadas". Em outras palavras, as forças da natureza os curam apesar das medidas perigosas adotadas pelos médicos.

O médico que come alimentos crus abordará a questão de um ponto de vista completamente diferente. Ele questionará o paciente sobre seu modo de vida e sobre quaisquer infrações às leis da natureza. Se tais infracções tiverem efectivamente ocorrido, o curso do tratamento é bastante claro; caso contrário, logo se perceberá quais danos não naturais ou incidentais ocorreram ao organismo provenientes de fontes externas, e serão tomadas medidas correspondentes para neutralizá-los. A medicina se tornará então um assunto muito simples e direto. Não haverá mais doenças com causas desconhecidas. A produção e o uso de drogas serão colocados sob o mais estrito controle e as especulações privadas serão proibidas. A medicina será nacionalizada em todos os lugares e os médicos desfrutarão de uma vida confortável com o mínimo de trabalho. O progresso de um país será então medido não pelo aumento do número dos seus hospitais, mas pela diminuição.

Aqueles que agora fazem ouvidos moucos a estas verdades manifestas, não serão capazes de se livrar da responsabilidade dos seus ombros amanhã. Quando as crianças de hoje crescerem com o tempo e se encontrarem com a saúde debilitada e mergulhadas em vícios, chamarão à responsabilidade todos os biólogos, os líderes do mundo e os seus próprios pais, e exigirão saber que passos tomaram quando leia estes avisos. Será que ainda pensavam que a sua sabedoria era maior que a sabedoria da Natureza?

Se não pensam assim, devem pôr termo imediatamente à destruição de produtos alimentares naturais. Este é o comando firme da Natureza, o comando do nosso Deus, que não admite qualquer compromisso. É o comando daquela Natureza que controla todo o universo pelas mais perfeitas leis e ordenanças; perto de cuja sabedoria os homens permaneceram perplexos e perplexos por milhares de anos; a quem os homens divinizaram e adoraram de inúmeras formas e maneiras; para quem foram construídos milhões de templos e igrejas; diante da qual as pessoas têm continuamente se ajoelhado em adoração, sem refletir por um momento que pisoteiam as suas leis e pecam contra ela a cada passo.

Mas hoje, a humanidade vive sob o domínio total de demônios que transformaram esta terra num inferno. Esses demônios, tendo vestido máscaras de lindas donzelas, sentaram-se nas mesas de jantar e nos pratos dos homens; eles se deitaram em seu rosto e em seu queixo, em seus braços e em suas pernas, em seu pescoço e em seus ombros, e de seus lugares de observação riem descaradamente de seus sentidos. Eles penetraram em seu corpo e se alojaram em seu coração e em sua alma.

O homem "civilizado" de hoje ridiculariza a idolatria de épocas passadas, mas não percebe que é um idólatra muito pior do que os idólatras do passado. Antigamente, os homens erguiam imagens de vários animais e os adoravam; hoje eles abatem esses animais e adoram suas carcaças putrefatas.

O homem "civilizado" de hoje não consegue imaginar a selvageria em que vive o mundo inteiro atualmente. A senhora "delicada" e de coração terno, que chega a desmaiar ao ver algumas gotas de sangue no rosto de uma criança, coloca calmamente sobre a mesa o coração, o fígado ou o peito de um cordeiro ensanguentado e corta-o em pedaços inteiros. indiferença, sem refletir por um momento que apenas uma hora antes a pobre criatura estava cheia de vida e vitalidade. Se ela tivesse visto, desde a infância, o abate de um bebê junto com o de uma galinha ou de um cordeiro, ela assumiria o faca com igual indiferença e, sem escrúpulos, junto com o coração do cordeiro, ela cortava o coração daquele bebê, cozinhava e comia. A única diferença está no fato de que seus olhos se acostumaram com aquele, mas não para o outro, caso contrário não teria se surpreendido com a visão sangrenta de corpos humanos pendurados nos açougues, ao lado de carcaças de vacas e ovelhas.

A humanidade está atualmente longe de ser civilizada

Enquanto os seres humanos persistirem no consumo de alimentos cozinhados, não poderá haver civilização real nem paz duradoura na Terra. É o vício alimentar que gera todas as guerras e massacres no mundo.

É a dependência alimentar que dá origem a criminosos brutais como Abdul Hamid e Talaat, que massacraram metade da população pacífica da angustiada Arménia e expulsaram a outra metade da sua antiga terra natal, onde viveram durante milhares de anos, roubando e pilhando os seus arados e as suas pás, as suas vacas e as suas ovelhas, as suas casas e as suas quintas, as suas montanhas e os seus vales, e depois desfilando descaradamente diante dos olhos de todo o mundo "civilizado" com total impunidade.

Apesar do aumento contínuo da produção de milho, ainda existe uma grande escassez de cereais em todo o mundo. Existem três razões para este estranho paradoxo. Em primeiro lugar, ao transformarmos o pão integral em pão branco em todo o lado, privamo-lo dos seus últimos resquícios de valor nutritivo. Depois, com a ajuda da fertilização artificial, aumentamos a quantidade do produto em detrimento da sua qualidade. Finalmente, o falso homem tem crescido tão rapidamente que o aumento da produção alimentar tem sido incapaz de acompanhar a procura.

À primeira vista, os homens podem achar difícil imaginar os enormes benefícios que a humanidade obterá do consumo de alimentos crus. Quase instantaneamente todas as doenças serão eliminadas para sempre, e todos os acréscimos e crimes desaparecerão da face da terra. Ao mesmo tempo, a expectativa de vida aumentará duas ou três vezes e haverá um avanço económico de tal magnitude que não estará ao alcance da humanidade durante centenas de anos, caso a actual situação se mantenha. Estas afirmações são factos e não ficção e, além disso, todos esses benefícios podem ser obtidos de uma forma muito simples. Basta respeitar as leis mais elementares da natureza e evitar a destruição do trigo vivo e integral. Se alguém tivesse a perspicácia mental de penetrar e perceber a diferença entre o trigo vivo e ativo e o pão incinerado, poderia facilmente deduzir a diferença entre o organismo de quem come cru e o de quem come cozido.

Vejamos agora a atitude adoptada pelos actuais governantes do mundo e por outras autoridades responsáveis em relação a estes problemas vitais. As cartas recebidas deles mostram que leram meu primeiro livro com interesse e que, em geral, simpatizam com meus pontos de vista. Não ouvi uma única voz discordante de parte alguma. Mas isto não é o suficiente. Meu livro não é um romance interessante para ser lido uma vez e deixado de lado. É um volume no qual são discutidos os problemas mais importantes e urgentes do nosso século. Deveria ser lido repetidas vezes, e cada frase deveria ser cuidadosamente ponderada e considerada por horas.

Seria um erro se esses governantes do mundo tratassem a alimentação crua como apenas mais uma questão de rotina e, como todos os seus outros problemas políticos e económicos, a submetessem a "especialistas" para estudo e consideração mais aprofundados. Durante milhares de anos, houve numerosos experimentos e estudos, mas todos falharam miseravelmente. Hoje, é dever imediato das autoridades instruir as pessoas a pôr fim a essas experiências destrutivas e a regressar ao seu modo de vida normal. Hoje, toda pessoa sensata é especialista em determinar a diferença entre o natural e o não natural, o alimento vivo e as refeições sem vida com seus materiais artificiais e degradados. E os governantes do mundo são, sem dúvida, as pessoas mais sábias dos nossos dias.

Ao adiar a sua pergunta, os nossos monarcas, presidentes, primeiros-ministros e ministros irão prejudicar-se a si próprios, em primeiro lugar. Enquanto os chamados especialistas estão ocupados examinando a questão, as suas preciosas vidas estarão escapando por entre os dedos. Devido à idade avançada, a maioria deles já está à beira do precipício. Se, através de uma decisão ousada, eles se afastarem para um local seguro, sem dúvida ganharão uma vida saudável e feliz de 40-50 anos – UMA VIDA ADICIONAL EM SI MESMO.

Os líderes escolhidos das nações alcançaram as suas atuais posições exaltadas em virtude da sua sabedoria, capacidade e perseverança. Dotados dessas qualidades, eles podem digerir os princípios da alimentação crua antes de qualquer outra pessoa e colocá-los em prática com relativa facilidade. O homem que tem a capacidade de governar milhões de pessoas pode facilmente governar um único indivíduo, a sua própria pessoa. Que sucessos não alcançariam se pudessem continuar a servir a humanidade por mais 40-50 anos com perfeita saúde física e mental. Do jeito que está, dificilmente obtiveram um pouco de experiência no caminho para o seu tão almejado objetivo, quando tiveram que deixar este mundo, infelizmente, no momento mais fervoroso de sua carreira. Mas as vidas desses líderes não pertencem apenas a eles; eles também pertencem ao seu povo. Eles não têm o direito, portanto, de desperdiçar suas preciosas vidas como pessoas comuns e sacrificá-las de forma imprudente a um prato cheio de comida não natural e degenerada.

Só pode haver duas razões para rejeitar os princípios da alimentação crua: falta de bom senso e ausência de força de vontade. Não pode haver uma terceira razão. Todas as outras "razões" são meros pretextos apresentados para encobrir essas duas deficiências. Pessoas que se prezem e ocupam cargos de responsabilidade não devem dar a ninguém a impressão de que lhes falta coragem e retidão moral.

Aqueles que praticam a alimentação crua completa há dois ou três meses nunca concordariam em retornar ao seu modo de vida anormal, mesmo que fossem levados ao pé do cadafalso. O homem que cuida de sua pessoa e valoriza a saúde e o bem-estar de seus filhos fará aquela "experiência" de dois ou três meses sem hesitar. Os líderes que estão interessados na felicidade e no bem-estar do seu povo devem preparar o caminho para a prosperidade de toda a humanidade através dos seus próprios exemplos pessoais. Este será o seu serviço mais útil e meritório à humanidade.

A varinha mágica dos contos de fadas está agora nas mãos dos nossos líderes. Com um leve aceno dessa varinha eles podem transformar o mundo inteiro num verdadeiro paraíso. O trabalho necessário para sua tarefa não é muito grande. Basta que cada governo crie um comité, cuja tarefa será familiarizar o público com as leis irrefutáveis da natureza e impressionar a todos o facto de que cozinhar e assar são operações não naturais repletas de consequências perigosas. Isto pode ser feito, em primeiro lugar, através de anúncios oficiais, panfletos e cartazes, após os quais o desenrolar dos acontecimentos será o melhor guia para a acção subsequente. As organizações de saúde das Nações Unidas também podem prestar grandes serviços neste contexto.

Não é exagero dizer que os alimentos cozinhados, sendo substâncias não naturais e artificiais, não fornecem um grão de alimento às nossas células especializadas. Além disso, as despesas e os problemas empreendidos para fornecê-los não são apenas dissipações inúteis, mas são os meios para a destruição completa dos órgãos do homem e, na verdade, do próprio homem. A experiência adquirida nos primeiros meses de consumo de alimentos crus mostrará claramente a todos a veracidade destas afirmações. Vale a pena refletir um pouco sobre essa questão.

Durante os últimos anos, uma quantidade considerável de informações foi recebida de todos os cantos do mundo sobre os sucessos alcançados pela alimentação crua. Esta informação mostra que existem milhares de consumidores convictos de alimentos crus espalhados por todo o mundo, muitos dos quais foram curados de doenças graves e vivem agora as vidas mais felizes. Estas pessoas não são especialistas nem cientistas; são apenas homens educados e cultos que foram capazes de compreender os princípios da alimentação crua através da sua própria perspicácia e julgamento, e tiveram a coragem de tomar a decisão necessária.

Infelizmente, a difusão das minhas publicações encontrou uma série de sérias dificuldades. Obviamente, está além do poder de um único indivíduo distribuir milhões de livros gratuitos em todo o mundo. Fiz solicitações a diversas editoras na Inglaterra e na América, convidando-as a republicar meu primeiro livro em inglês em seus países. Todos admitiram que o livro era interessante e útil, mas lamentaram que não se enquadrasse no âmbito das suas publicações. Isto era perfeitamente compreensível, porque a sua publicação teria assinalado o fim de todos os seus outros livros "dietéticos", pois ninguém familiarizado com os princípios da alimentação crua lhes teria prestado a menor atenção. As pessoas de hoje não conseguem ver além dos seus próprios interesses abjectos.

Apelo por este meio a todas as sociedades religiosas, organizações filantrópicas, benfeitores de bom coração e humanitários de espírito público em todo o mundo pela sua amável assistência. Que me dêem toda a ajuda que puderem na divulgação das minhas publicações. Eles podem encomendar vinte, cinquenta ou cem exemplares dos meus livros e distribuí-los a seu critério, seja vendendo-os ou distribuindo-os gratuitamente. Cada livro pode salvar a vida de um homem, curar uma pessoa de uma doença grave ou abrir a perspectiva de um futuro feliz para uma criança. Actualmente não existe actividade de maior valor humanitário do que esta.

Se eu tivesse tido o benefício de tal livro há 15 anos, hoje meus dois filhos angélicos estariam vivos. Por outro lado, se a minha mente não tivesse sido iluminada há cerca de 10 anos, eu próprio não estaria a viver agora. Todas as pessoas do mundo estão na mesma condição neste exato momento e precisam urgentemente da nossa ajuda. É necessário familiarizá-los com os princípios corretos de nutrição o mais rápido possível.

Hoje, vejo com os meus próprios olhos como certas entidades religiosas gastam enormes somas de dinheiro para distribuir aos pobres farinha refinada, açúcar, leite em pó e carne em conserva. Ao distribuir tais alimentos não naturais e extremamente degenerados às pessoas, elas involuntariamente cometem um pecado muito grave e violam as leis do seu amado Deus. Estariam realizando o ato mais piedoso se abrissem os olhos daqueles infelizes e lhes ensinassem a comer o milho vivo.

De uma forma ou de outra, todas as religiões lutaram contra a gula humana e, através de várias injunções e ordens, todas tentaram impor a temperança à humanidade. Mas hoje, a falta de moderação chegou a tais extremos que as limitações parciais são inúteis. Chegou a hora de os representantes de todas as religiões condenarem de forma decisiva e inequívoca as operações bárbaras de degeneração dos alimentos naturais. Ao fazê-lo, estarão prestando o maior serviço tanto a Deus como à humanidade.

Para todos os viciados em comida, preto é branco e branco é preto. Houve um tempo em que se pensava que a Terra estava parada, enquanto o Sol e as estrelas giravam em torno dela. Se alguém expressasse uma crença contrária, era considerado louco pelas pessoas míopes, porque aos seus próprios olhos a terra estava firmemente fixada em seu lugar, enquanto o sol se movia no céu.

Precisamente a mesma mentalidade prevalece hoje. O homem aparentemente sente no próprio corpo que o pepino o "prejudica", enquanto o pão branco duplamente cozido e o arroz polido, sendo facilmente digeridos, "regulam" as funções do estômago. Mas ele não percebe que, na verdade, é o uso desses mesmos pão e arroz que é a verdadeira causa da fraqueza do seu estômago; na verdade, o pepino é o alimento que irá curá-lo a longo prazo.

Hoje, toda a humanidade está convencida de que, assim que uma pessoa come alguns pratos de comida "nutritiva" quando está com fome, ela satisfaz as necessidades regulares do seu organismo. Mas as pessoas não estão cientes de que as células normais dessa pessoa não absorvem um grão de alimento dessas substâncias mortas e artificiais e que, apesar da plenitude do estômago, permanecem com muita fome.

Hoje, toda a humanidade está convencida de que para levar uma vida saudável é preciso guiar-se pelos diversos cálculos científicos dos valores nutritivos das proteínas, vitaminas e minerais, obtidos em laboratórios de pesquisa. Eles não percebem que a maioria dos cálculos são, na verdade, representações completamente falsas e prejudiciais da verdadeira imagem.

Hoje, quando alguém fica doente, está convencido de que tudo o que precisa fazer para se curar é encontrar um determinado veneno chamado droga. É por isso que ele imediatamente começa a procurar por essa substância milagrosa. Mas ele não sabe que a terapia medicamentosa é a feitiçaria desta era da alimentação cozida e que nenhum veneno jamais será capaz de desempenhar qualquer função útil. Ele também não sabe que todas as doenças se devem apenas a duas causas: a fome contínua das células normais por falta de nutrientes naturais e os efeitos perniciosos de alimentos cozidos e não naturais e de outras substâncias venenosas; não há terceira causa. Existe, portanto, apenas uma maneira sensata de nos libertarmos de todas as doenças de uma vez por todas. Devemos abster-nos totalmente de alimentos e medicamentos não naturais e satisfazer as necessidades das nossas células apenas através da nutrição natural.

Os medicamentos, que são normalmente considerados meios de curar doenças, são, na realidade, eles próprios as causas das doenças. De um modo geral, é um erro terrível e trágico procurar quaisquer propriedades curativas numa substância sintética ou num nutriente individual. No entanto, é este mesmo erro que tem sido cometido pela humanidade durante séculos passados. Não existem substâncias curativas neste mundo; existem apenas os factores especiais que causam doenças, através da remoção dos quais todas as doenças serão automaticamente erradicadas. Esses fatores são os alimentos cozidos e os venenos que são erroneamente chamados de medicamentos.

O homem de hoje tem muito orgulho da sua civilização, mas está longe de ser realmente civilizado. A verdadeira civilização deveria ser medida não pelo mero progresso técnico, mas PELO ENOBREAMENTO DA MENTE E DA ALMA DO INDIVÍDUO, A CONQUISTA DOS VÍCIOS E VÍCIOS, E A EMANIPAÇÃO DO INTELECTO HUMANO DAS SUPERSTIÇÕES. A fim de satisfazer o seu desejo anormal por comida, o homem de hoje queima 80 por cento dos alimentos puros e naturais no fogo e causa a sua própria destruição ao criar doenças artificialmente. Para satisfazer o seu egoísmo e orgulho pessoal, os governantes das nações semeiam as sementes do ódio e da inimizade entre os povos do mundo e massacram-se uns aos outros. Mesmo os representantes da ciência, rejeitando todos os sentimentos de misericórdia e humanidade, exploram inescrupulosamente o nome sagrado da ciência para promover os seus próprios interesses mesquinhos e, ao fazê-lo, saqueiam as pessoas da maneira mais cruel.

Uma das provas mais contundentes da ignorância e do atraso do homem "civilizado" de hoje é a sua abordagem à questão do cancro. Durante muitos anos, ele tem procurado a causa e o tratamento de uma calamidade tão grave em certas substâncias químicas específicas, e ainda continua essa busca sem sentido.

Neste contexto, apresentei as minhas provas irrefutáveis às grandes autoridades do mundo há quatro anos. Hoje, apresento novamente essas provas, de forma mais detalhada e ampliada, ilustradas por muitos exemplos concretos. Porque é que os vários ministérios da saúde e outras autoridades responsáveis permanecem tão distantes e indiferentes? Por que as pessoas continuam a terrível destruição de alimentos naturais? Por que continuam enchendo seus livros, jornais e revistas com recomendações contraditórias e prejudiciais de falsas vitaminas e dietas específicas? Onde está a consciência e a benevolência do homem? Onde está a chamada civilização?

Que aqueles que discursam continuamente sobre a civilização provem que eles próprios são civilizados o suficiente para compreender as leis mais elementares da natureza e compreender o que significou libertar a humanidade de todas as doenças, duplicar a expectativa de vida, triplicar ou quadruplicar o padrão de vida.

Se as grandes nações consideram abaixo da sua dignidade que a proposta para a maior e mais pacífica revolução da história da humanidade deva ser feita não por elas mesmas, mas pelo filho de uma pequena nação, estou disposto a conceder-lhes a prioridade, desde que Foi-me garantido que isto serviria os interesses da humanidade como um todo, e não apenas os dos indivíduos.

Neste contexto, um exemplo infeliz da mais flagrante apropriação indébita dos direitos de terceiros veio da distante Los Angeles, há dois anos. Depois de ler meu primeiro livro em inglês, uma senhora da Califórnia, a Sra. H. Bulbeck (ver página 146), adota uma dieta completa de alimentação crua. Atraída pelo aspecto humanitário da ideia, ela encomenda 30 exemplares do livro e decide espalhar a boa mensagem entre seus amigos e parentes. Nesse ínterim, ao saber que uma pessoa chamada John Martin Reinecke escreve artigos sobre as propriedades "úteis" dos alimentos crus na revista "Let's Live" de Los Angeles, ela lhe envia uma carta e lhe dá um relato de seu método de tratamento e a subsequente recuperação dela e do marido de todas as doenças que tiveram.

Depois de lerem os meus livros, muitos pacientes em todo o mundo adotaram a alimentação crua e, como resultado, foram curados de uma série de doenças graves, que vão desde simples dores de cabeça e distúrbios estomacais até doenças cardiovasculares e cancro. Os pacientes, que durante anos a fio não obtiveram qualquer benefício com o aconselhamento dos "especialistas" mais altamente qualificados, e muitos dos quais tiveram alta hospitalar como casos desesperadores, recuperaram a saúde em poucos meses e são agora capazes de desfrute de todas as bênçãos de uma vida ativa.

A pessoa que abandona alimentos cozidos e outras substâncias venenosas está imune a todas as doenças e pode esperar com confiança uma velhice verde, de saúde e vigor, livre da constante maldição das doenças. Na próxima parte deste livro, o leitor encontrará uma seleção das inúmeras cartas que recebo diariamente de ex-pacientes ansiosos por ajudar os outros, narrando suas experiências. Foi com esse espírito que a Sra. Bulbeck decidiu escrever ao Sr. Reinecke.

Esse cavalheiro inescrupuloso não apenas atribui inteiramente a si mesmo a cura, mas também copia, palavra por palavra, cada uma das seis máximas dadas na capa do meu livro e, junto com minhas principais descobertas, as insere nas revistas de fevereiro e abril de 1965. , edições da revista "Let's Live" como parte de um artigo intitulado "Adventures in Raw Foods".

O Sr. Reinecke ultrapassa os limites da decência a tal ponto que reserva para si os direitos autorais dos pensamentos e expressões que me pertencem e se oferece para vender informações adicionais ao preço de US$ 5 cada. Mas o mais curioso de tudo é que numa nota introdutória os editores da revista confirmam que esses pensamentos pertencem ao redator do artigo. Este acto constitui uma ofensa flagrante às leis internacionais de direitos de autor e deve ser condenado sem reservas. As pessoas não deveriam ler uma publicação como a revista "Let's Live", que prospera com anúncios de vitaminas artificiais e preparações "dietéticas".

Há mais de uma década que abandonei a vida social e me privei de todos os prazeres. Tenho sido extremamente frugal em relação às necessidades da minha família e de mim mesmo, mas não hesitei nem por um momento em gastar todas as minhas economias na realização de estudos e na publicação de livros, dos quais 10.000 exemplares já distribuí gratuitamente para organizações científicas e indivíduos em todos os cantos da terra. Fiz estes sacrifícios para mostrar ao mundo inteiro o verdadeiro caminho para uma vida feliz e natural, e durante todo o tempo protestei de coração e alma contra a venda de tais conselhos por dinheiro.

Mas hoje o Sr. J. M. Reinecke, fazendo um uso lucrativo de minhas idéias e minhas máximas, exige uma taxa de US$ 5 dólares para mostrar às pessoas como comer alimentos naturais! Este é, de facto, o aspecto mais perturbador da questão.

Aqui estão trechos dos dois artigos em questão, mostrando até que ponto o Sr. Reinecke chegou ao se apropriar indevidamente de meus pensamentos e, assim, infringir as leis aceitas de etiqueta literária internacional.

VAMOS VIVER
Fevereiro de 1965. AVENTURAS EM ALIMENTOS CRU
POR JOHN MARTIN REINECKE Originador e explorador de frutas americanas
TODOS OS DIREITOS RESERVADOS AO AUTOR

Na presente série de artigos, o autor dá suas opiniões com base em experiências pessoais, além de suas muitas experiências enquanto vivia e estudava povos de vários climas — suas dietas de alimentos crus e frutas saudáveis. -Ed.

Os alimentos crus devem ser o único alimento ingerido pelo homem. Comer alimentos cozidos é um hábito antinatural que deve ser eliminado deste mundo para que se possa alcançar uma saúde perfeita. A alimentação humana deveria consistir apenas de células vivas, porque os alimentos cozinhados são a principal causa de todas as doenças humanas. Comer alimentos crus liberta a humanidade de todas as doenças e prolonga a vida humana para 140 anos ou mais.

É o pior dos crimes habituar o recém-nascido à comida cozinhada, porque é aí que começam todos os seus problemas (Ver capa do meu "Raw-Eating", primeira edição, 1963; presente edição, p.3). Os biólogos devem provar que a natureza cometeu um erro ao não nos apresentar alimentos cozidos. (Primeira edição, p. 32; presente edição, p. 37). Um bebê normal detesta o sabor dos alimentos cozidos, que parecem apetitosos apenas para o viciado em alimentos cozidos, assim como o ópio parece agradável para o viciado em drogas. (Primeira edição, p. 33; presente edição, p. 39). O fogo da cozinha queima e destrói 90% do valor dos bons alimentos crus. (Veja a capa da minha primeira edição; edição atual, p. 3).

Abril de 1965

À primeira vista parece impossível que possamos nos livrar de quase todas as doenças

simplesmente comendo alimentos crus naturais. Mas o facto é que o "inacreditável" facilmente se torna realidade consumada... (Primeira edição, p. 45; presente edição, p. 50).

Deveria ser dever dos biólogos e dos médicos encorajar as pessoas a comerem coisas naturais; não separar os constituintes nutritivos dos alimentos, mas sempre comê-los tão quase inteiros quanto possível, em suas proporções naturalmente equilibradas e em seu estado vivo e cru. Médicos e biólogos nunca deveriam falar sobre a utilidade de constituintes nutritivos individuais separados, mas deveriam enfatizar a indispensabilidade de alimentos crus completos.

SUMÁRIO BREVE
De um modo geral, toda a ciência da nutrição pode ser resumida em dois aspectos principais:
pontos e fez a preocupação de toda a humanidade:

1. A alimentação humana deve consistir inteiramente de células vivas e cruas. Somente os alimentos constituídos por células vivas possuem todas as qualidades necessárias para satisfazer as demandas do organismo humano.
2. Existem corpos vegetais comuns e escolhidos na natureza. Os corpos vegetais mais perfeitos e altamente nutritivos são as melhores variedades de frutas, vegetais verdes, nozes, cereais e raízes.
Entre todos os animais, o homem desenvolveu-se num elevado grau de perfeição precisamente porque foi capaz de obter alimentos da mais alta qualidade através do trabalho das suas mãos e de desenvolver o seu físico por meio desses alimentos. Portanto, na medida do possível, o homem deve escolher para seu consumo os nutrientes mais valiosos: escolha os alimentos crus. (Primeira edição, p. 23; presente edição, p. 29).
Em suma, o homem goza de saúde perfeita quando se alimenta exclusivamente de alimentos crus; ele fica doente a ponto de consumir alimentos cozidos; e ele morre quando subsiste exclusivamente com tal dieta. (Primeira edição, p. 24; presente edição, p. 29).

Nota de encerramento do Editor da Revista:
Devido à pressão das funções não será possível ao Sr. Reinecke responder cartas. Após o recebimento de US$ 5, ele enviará a você seu próprio guia diário de cardápio de alimentos crus e receitas para os Estados Unidos e os Trópicos com instruções completas. Estes não estão em forma de livro. Enviar para... -
Ed. Repetidamente temos enfatizado o fato de que todas as frutas, legumes e nozes são alimentos perfeitos, da mais alta qualidade, com propriedades nutritivas quase idênticas. Conseqüentemente, todos os "guias de cardápio" e receitas de alimentação crua são desprovidos de qualquer valor científico ou nutricional. Mesmo a pessoa mais ignorante pode conceber o seu próprio programa alimentar, guiado pelos ditames do seu apetite e do seu paladar.
Ao receber a edição de fevereiro da Revista, escrevi uma carta ao Editor, Sr. Kay K. Thomas, acreditando que ele ficaria feliz em proteger meus direitos no futuro:

21 de abril de 1965.

Mr. Kay K. Thomas,
1133 N. Vermont Ave.,
Los Angeles, Calif.
Dear Sir,

Foi com surpresa que li no número de fevereiro de "Let's Live" um artigo do Sr. John Martin Reinecke intitulado "Adventures in Raw Foods", onde o escritor copiou palavra por palavra os lemas da capa do meu livro, "Raw-Eating", e os representou como seus

　　　　　　　　　　　　　　　　　　A. T. Hovannessian

próprios pensamentos. Ele chegou ao ponto de reservar para si todos os direitos de pensamentos e expressões que me pertencem.

Como tal conduta é contra as leis aceites de etiqueta literária internacional, por favor corrija este mal-entendido na sua próxima edição e tome medidas para evitar uma ocorrência semelhante no futuro.

Arshavir Ter Hovannessian

Infelizmente, cerca de um mês depois, recebi a seguinte resposta insatisfatória, na qual foram feitos todos os esforços para
encobrir a desonestidade literária do Sr. Reinecke:

12 de maio de 1965

Arshavir Ter-Hovannessian
Avenida Kakh 21, Rua Peshan,
Teerã, Irã.
Caro senhor:
Em relação à sua carta de 21 de abril, escrevemos ao Sr. John Martin Reinecke pedindo uma explicação e foi isso que ele nos aconselhou;
«Verifiquei a edição de Fevereiro do meu artigo e descobri que em nenhum lugar copiei palavra por palavra qualquer parte dos lemas do Sr. Ter Hovannessian. Todas as minhas declarações sobre alimentos crus são meus próprios pensamentos e palavras reunidos em 25 anos de experiência e estudo acumulados. Se fiz alguma declaração semelhante à dele, foi mera coincidência e não intencional.
"Suponho que possuo uma das mais completas coleções de livros sobre alimentos crus do país, e entre elas encontro um exemplar de seu livrinho. Se eu tivesse copiado, teria dado crédito a ele. Lembro-me que seu livreto me foi dado por um amigo há cerca de um ano; e que enviei ao Sr. Ter-Hovannessian US$ 10 para que ele me enviasse mais alguns livretos para meus amigos. Isso foi cerca de um mês atrás. Até o momento não tive notícias do Sr. Ter Hovannessian nem do dinheiro. Se ele não quiser me enviar seus livrinhos, então deverá devolver meu dinheiro, porque me refiro apenas à cortesia e ao bem de divulgar os benefícios dos alimentos crus que salvaram minha vida há 25 anos.'

(assinado) John Martin Reinecke

"Dadas as circunstâncias e tendo em vista as declarações do Sr. Reinecke de que ele não se apropriou dos lemas da capa de seu livro, "Comer Cru", não fizemos nenhuma correção na revista LET'S LIVE.

(assinado) KAY THOMAS, Editor-Editor.

Em resposta a esses argumentos um tanto frágeis, enviei a seguinte carta:

27 de maio de 1965

Sr. Kay Thomas,
Editor-Editor.
Caro senhor:
Lamento informar que não considero satisfatória a sua resposta de 12 de maio à minha carta de 21 de abril.
Considero sua revista responsável pela apropriação indevida de meus pensamentos e lemas pelo Sr. Reinecke e me reservo o direito de exigir satisfação.

Você tenta justificar o engano público praticado pelo Sr. Reinecke, que continua a vender meus pensamentos a cinco dólares cada. A minha campanha visa principalmente essas extorsões.

No que diz respeito aos US$ 10,00 que o Sr. Reinecke afirma ter me enviado com uma encomenda de livros, lamento dizer que não recebi nem dinheiro nem carta dele.

ATERHOV

Esta correspondência terminou quando a Sra. Bulbeck teve a gentileza de me enviar o número de abril da revista "Let's Live", na qual, como foi mostrado acima, há exemplos ainda mais flagrantes de desonestidade literária. Deixo ao leitor decidir se as "semelhanças" entre meus escritos e os artigos do Sr. Reinecke são coincidentes ou deliberadas.

O editor não consegue se livrar da responsabilidade, porque conhecia bem meu livro, que já havia sido resenhado em sua revista vários meses antes (ver p. 147), enquanto o Sr. Reinecke só piora as coisas com desculpas e calúnias infundadas. Quanto à questão bastante irrelevante dos dez dólares que ele afirma ter-me enviado, exijo publicamente saber o nome do banco ou o meio pelo qual ele alegadamente me remeteu o dinheiro, sobre o qual não tenho qualquer informação.

Todas as recomendações de dietas específicas devem ser completamente eliminadas da face da terra. A humanidade deveria compreender claramente que a COMIDA COZIDA NÃO FORNECE NENHUMA ALIMENTAÇÃO e que o HOMEM NÃO É UM ANIMAL CARNÍVORO. Além disso, DEIXE CADA PESSOA COMER O QUE QUISER E DA FORMA QUE QUISER. Isto é inteiramente uma questão de gosto individual.

Nossos "nutricionistas" confundiram tanto o cérebro das pessoas com longas listas de receitas e cardápios, que muitas pessoas pensam que eu também pertenço àquela irmandade de "especialistas" e, portanto, muitas vezes me escrevem para pedir um programa de consumo Comida natural. Aqui quero aproveitar a oportunidade para dar uma resposta coletiva a todas elas.

Doravante, não deverá mais haver nenhum programa, recomendação ou horário dietético especial para ninguém. O ser humano deve comer o que quiser, sempre que puder e tanto quanto seu apetite exigir, assim como fazem todas as outras criaturas vivas, desde uma formiga até um elefante. disponíveis para eles, enquanto a natureza presenteou o homem com alimentos perfeitos e da mais alta qualidade nutritiva. Compare trevo, feno, arbustos de montanha, folhas de árvores e espinhos do deserto com grãos, nozes, vegetais e frutas suculentas.

Quem come cru pode comer uma vez por dia ou dez vezes por dia; ele pode se alimentar de um tipo de fruta ou de cem tipos. Do ponto de vista da saúde, isso não faz diferença, porque cada alimento vegetal cru, tomado separadamente, fornece nutrição completa por si só. O comedor de crus deve guiar-se não por listas de recomendações "científicas" ou "dietéticas", mas pelas exigências do seu apetite e paladar, que serão sempre os seus guias infalíveis na seleção dos nutrientes naturais. A maneira mais segura, segura e fácil é consumir os nossos alimentos no estado em que a natureza os preparou e nos apresentou, simplesmente esmagando-os sob os dentes. Mas se alguém tiver tempo e lazer para preparar saladas e outros pratos

mistos, deve comê-los imediatamente após a preparação, caso contrário, com o passar do tempo, o homem será levado a novas degenerações dos alimentos.
As pessoas não deveriam mais ler livros que tratam da etiologia de doenças individuais, diagnóstico, terapêutica, medicamentos, vitaminas, minerais, proteínas, hidroterapia, eletroterapia e outros assuntos semelhantes, porque todas as doenças se originam de uma causa comum e têm um método comum de cura .

Muitos vegetarianos, e mesmo não-vegetarianos, que tentam consumir um pouco mais de fruta do que o habitual, têm a presunção de se considerarem comedores crus. Ninguém, porém, pode considerar-se um comedor de alimentos crus se fizer pelo menos uma refeição cozida por mês, porque assim nunca conseguirá livrar-se inteiramente da doença. Isto acontece porque nas fases iniciais da alimentação crua um certo número de células doentes pode cair num estado de dormência e prolongar a sua existência nessa condição por um longo período de tempo. Apenas uma refeição cozida por mês pode ser suficiente para ressuscitá-los e dar-lhes a oportunidade de se multiplicarem novamente. Assim que um comedor cru come um pedaço de comida cozida, ele certamente fornece nutrição fresca às células doentes e lhes dá um novo sopro de vida. Conseqüentemente, quando alguém não consegue libertar-se completamente do flagelo das doenças, deve procurar a causa nessas transgressões ocasionais e em nenhum outro lugar. Não pode haver qualquer justificação para esses incumprimentos.

Um dos argumentos mais infundados contra o consumo total de alimentos crus, que às vezes chega até mim de certos países do norte e especialmente da Inglaterra, é a disparidade das condições climáticas. Enquanto o homem for capaz de encontrar um punhado de grãos crus, não haverá dúvida de escassez de nutrientes naturais em qualquer país. Além disso, tendo em conta que os alimentos cozinhados não fornecem o mínimo alimento ao organismo humano, devem existir alimentos suficientes em todas as regiões do mundo para que as pessoas consigam nutrir-se e sustentar a vida. Ao eliminar as refeições cozinhadas da nossa dieta, não diminuímos em nada o valor nutritivo da nossa alimentação; pelo contrário, libertamo-nos de materiais venenosos e nocivos. O pleno significado destas verdades só pode ser apreciado por quem tem desfrutado dos benefícios da alimentação crua durante vários anos. Todos aqueles postulados "científicos" pelos quais os biólogos tentam representar os alimentos cozidos como alimento são conjecturas infundadas e vãs ilusões.

Na situação actual, neste preciso momento, há certos países onde as pessoas sofrem de uma "escassez" de produtos alimentares e estão sob a ameaça constante de fome, quando uma declaração oficial é tudo o que é necessário para realizar o tão esperado milagre de trazer abundância para o mundo. Infelizmente, esta declaração simples e clara de que a COZINHA DEBAIXA OS ALIMENTOS NATURAIS E OS CONVERTE EM SUBSTÂNCIAS NOCIVAS não aparece em lado nenhum, apesar de já em 1963 ter levado esta verdade incontestável à atenção de todas as principais autoridades e círculos científicos da o mundo. Esta é uma indicação impressionante de quão profundamente a humanidade está hoje imersa na ignorância, no preconceito, nas superstições e nos vícios repugnantes. Palavras como civilização e progresso soam vazias quando aplicadas a pessoas que, apesar de tudo o que foi dito e escrito, ainda se recusam a admitir que cozinhar é uma operação antinatural e perniciosa.

Dizem que os biólogos fizeram avanços estupendos em seu conhecimento. Parece-me que quanto mais avançam, mais devem perceber que não sabem nada. E quando chegam ao estágio em que admitem livremente que, contra a verdadeira sabedoria da natureza, o seu próprio conhecimento não passa de um conhecimento superficial, pode-se de fato admitir que realmente aprenderam alguma coisa.

Não é entre os biólogos "impregnados de conhecimento e aprendizagem contemporâneos" que encontramos veneráveis patriarcas que viveram até os 140.150 anos de idade. Encontramos essas pessoas a uma distância razoável dos grandes centros de aprendizagem, no seio da natureza, onde estão parcialmente imunes aos danos causados pelas drogas e pelos alimentos excessivamente degenerados. Quanto mais longa e saudável seria a sua vida se fossem poupados até mesmo daquela degeneração parcial a que a sua alimentação está atualmente sujeita. O que me dá o direito e a coragem de desafiar quase todas as concepções atuais da ciência médica é o fato de que a alimentação 100% crua coloca um fim imediato a todas as doenças, de forma radical e simultânea. Teste e você ficará convencido.

Não estou exagerando quando considero como assassinos e criminosos todas aquelas pessoas que, por um ou outro pretexto fantasioso, proíbem aos doentes e aos inválidos os seus NUTRIMENTOS NATURAIS - vegetais e frutas frescas - que são o ÚNICO MEIO EFICAZ de restaurar a saúde perdida. . Através da sua deplorável ignorância, esses "cientistas instruídos" perpetram massacres maiores do que Átila ou Hitler alguma vez fizeram. Através das suas recomendações tolas, matam milhões de pessoas, dia após dia, sem qualquer alívio ou trégua. Entre criminosos inconscientes semelhantes estão todos os fabricantes e distribuidores de medicamentos, bebidas, tabaco, chão refinado, pão, carne, confeitaria, açúcar, chá, café e uma série de outros produtos prejudiciais como estes. Cada fábrica que produz tais substâncias não naturais e degeneradas causa mais danos à humanidade do que a bomba atómica que foi lançada sobre Hiroshima. Deus é infalível, e qualquer tentativa de usar o fogo para melhorar a qualidade dos alimentos naturais e perfeitos criados por Ele para consumo humano equivale a duvidar de Sua sabedoria suprema. É, de fato, um sacrilégio aberto.

Apelo a todos os humanitários para que façam o que puderem para me ajudar a propagar estas verdades, tanto
pela palavra falada e por meio de minhas publicações.
Aqueles que comem crus e que foram curados das suas doenças têm uma obrigação especial de
colocar os detalhes da sua recuperação à disposição da imprensa e de todas as autoridades responsáveis.

Finalmente, é dever inato dos jornalistas publicar um resumo dessas declarações nas colunas do seu jornal e exigir saber por que razão as autoridades persistem na sua inactividade letárgica.

PARTE TRÊS
As conquistas da COMER CRU

Muitos leitores me escrevem cartas perguntando sobre os sucessos alcançados pela alimentação crua. Para satisfazer a sua curiosidade, tenho o prazer de lhes fornecer algumas informações relevantes.

Um ano após a publicação do primeiro volume da minha obra arménia, em 1960, publiquei um livro mais curto em persa, do qual distribuí 4.000 exemplares gratuitos entre diversas instituições, autoridades e imprensa. Os jornais e periódicos de Teerã deram ao livro uma recepção favorável e muitos deles escreveram extensas resenhas a esse respeito.

O livro recebeu considerável atenção nos círculos da Corte. O marido de Sua Alteza a Princesa Shams Pahlavi, o Sr. Mehrdad Pahlbod, agora Ministro da Cultura, convidou-me para sua residência e informou-me que meu livro havia sido homenageado pela atenção de Sua Majestade Imperial o Shahanshah, que o instruiu a fazer mais perguntas sobre o assunto. Tenho o prazer de registrar que tive seis ou sete consultas subsequentes com o Sr. Pahlbod. O Secretário Geral da Sociedade Leão Vermelho e Sol, Dr. Abbas Naficy, e o Diretor do Hospital Maternidade Khajenouri, Dr. Abut Ghasem Naficy, e vários outros especialistas importantes elogiaram meus pontos de vista e me prometeram sua cooperação.

Foram emitidas instruções para criar um número de crianças num dos orfanatos através da alimentação crua. Além disso, os princípios da alimentação crua deveriam ser adotados no tratamento de pacientes em um dos hospitais infantis e na reforma do sistema nutricional de uma das creches. Infelizmente, na prática, encontrei vários obstáculos. Logo fiquei cara a cara com um grande exército de médicos e funcionários preconceituosos, aos quais tive de imbuir com as novas ideias. Esta não foi de forma alguma uma tarefa fácil. Todo o caso foi procrastinado a tal ponto que fiquei cansado e abandonei a tentativa com profundo pesar.

Este fracasso foi ainda mais deplorável porque observei de perto como, em resultado de uma nutrição não natural, as crianças nos berçários permaneciam fracas e doentes, enquanto nos hospitais dependiam de vitaminas artificiais, medicamentos venenosos e proteínas animais para se alimentarem. resgatar das garras da morte aquelas crianças frágeis e magras que, privadas do leite materno e dos nutrientes naturais, tinham o leite em pó e o pão branco como sustento. Desnecessário acrescentar que nem um pensamento foi dado à necessidade de uma nutrição natural e impecável.

Mas esses contactos, bem como a minha presença em diversas conferências médicas, ensinaram-me muitas lições importantes. Em primeiro lugar, percebi que, embora os pontos de vista por mim apresentados sejam as leis mais elementares e simples da natureza, eles são digeridos e assimilados apenas por pessoas cujos elevados níveis de escolaridade são acompanhados pela liberdade de julgamento e independência de espírito. Uma pessoa de intelecto medíocre não pode imaginar a possibilidade de um leigo ser capaz de revolucionar toda a ciência médica de hoje e de refutar as concepções dietéticas correntes no mundo científico.

Foi por isso que decidi publicar um volume conciso em inglês e submetê-lo à atenção dos mais altos círculos científicos e políticos. Superando dificuldades muito grandes, trabalhei 16 horas por dia para escrever o livro, depois o traduzi para o inglês e publiquei-o em 1963. Depois extraí 3.000 endereços de vários livros de referência e enviei cerca de 4.000 exemplares gratuitos do livro para todos os governantes do mundo, e às universidades, centros científicos, organizações internacionais e aos principais jornais e periódicos. Na verdade, assinei a maioria dos livros e anexei uma carta a cada um. Considerei esta a forma mais rápida e adequada de propagar as minhas ideias por todo o mundo.

Os resultados superaram minhas expectativas mais otimistas. Milhares de cartas e jornais que recebi durante os meses seguintes não me deixaram dúvidas de que meu livro estava sendo lido com interesse por todas as principais figuras e autoridades do mundo, muitas das quais confirmaram sem hesitação a veracidade de minhas idéias.

Nos últimos anos, não só renunciei às minhas atividades sociais, mas também abandonei completamente os meus negócios pessoais para me dedicar dia e noite aos meus livros. No entanto, é estranho dizer, há pessoas que pensam que perdi o juízo, só porque, em vez de acumular riquezas e passar o tempo comendo, bebendo e me divertindo, gasto todas as minhas economias na publicação de certos livros. , que distribuo gratuitamente a todos.

Mas, na minha opinião, não há prazer na vida maior do que a satisfação derivada do serviço altruísta ao próximo. As pessoas constroem edifícios palacianos e ficam encantadas com a sua visão. Agora, cada uma das inúmeras cartas de felicitações, agradecimentos e agradecimentos que recebo todos os dias de todos os cantos do mundo tem para mim o valor total de um edifício. E quando a carta é de alguém que foi curado de uma doença grave por meu conselho e que me considera seu salvador, não há limite nem limite para minha felicidade, que é ainda mais reforçada pela sensação de que tudo isso foi feito sem qualquer remuneração.

Minha alma é atormentada dia e noite quando vejo pessoas perecerem em todos os lugares como resultado das chamadas mortes inesperadas. Percebo claramente que essas pessoas NÃO MORREM; eles tolamente se matam por causa de um prato cheio de comida não natural e artificial. Meu coração sangra quando vejo uma mãe aterrorizada arrancando de seu filho inocente a mais nobre das frutas e colocando em sua mão o mortal pão branco, leite em pó e carne cozida.

Em meu primeiro livro em inglês, abordei brevemente quase todos os problemas relevantes. Neste volume, ampliei algumas de minhas afirmações anteriores e falei sobre diversas questões importantes de forma um pouco mais extensa, tornando o assunto mais compreensível para o público em geral. Antes de concluir o livro, porém, gostaria de familiarizar o leitor com a recepção dada ao meu primeiro livro em inglês, bem como às minhas outras publicações.

Cópia da minha carta dirigida aos governantes e outras autoridades importantes do mundo:

Por favor, honre-me aceitando uma cópia gratuita do meu livro intitulado "Raw-Eating".
Espero sinceramente que você consiga dedicar algumas de suas preciosas horas à
leitura do livro.
Ao considerar os alimentos cozinhados como nutrição humana normal, a humanidade
como um todo tomou cegamente o caminho fatal para a aniquilação.
A adopção das ideias e propostas expostas no livro será do maior benefício para o
bem-estar da sua nação.

Algumas cópias e extratos das respostas recebidas:
Irão:Carta de Sua Excelência o Sr. Amir Abbas Hoveyda, Primeiro-Ministro do
Teerã, 18 de outubro de 1965.

Sr. AT Hovannessian,
Recebi sua carta e o livro que você enviou com ela. Embora lamentando o fato
que devido à excessiva pressão de trabalho até recentemente não consegui encontrar
tempo para ler seu livro, muito obrigado por me apresentá-lo.
(Assinado) AMIR ABBAS HOVEYDA, Primeiro Ministro.

Embaixada Americana, 29 de junho de 1964.
Prezado Sr.
Sua carta de 28 de março de 1964, endereçada ao Presidente Johnson, foi recebida
no White House, bem como a cópia anexa do seu livro, 'RAW-Eating'.
A Embaixada foi instruída a transmitir-lhe o apreço do Presidente pela sua
consideração ao proporcionar-lhe a oportunidade de ver o seu livro.
WALTER G. RAMSAY,
Assessor do Embaixador, Teerã.

Castelo de Windsor, 27 de abril de 1964.
Prezado Sr.
Recebi ordens da Rainha para lhe agradecer por sua carta ao Príncipe de Gales, e
pela cópia do livro que você escreveu.
Sua Majestade achou muito gentil da sua parte enviar este livro ao filho dela, e eu devo
enviar vocês, os sinceros agradecimentos da Rainha.
MARY MORRISON, dama de companhia, Inglaterra.

Paris, 29 AVR. 1964.

Senhor,

O General de Gaulle a bem regu a placa que vous lui avez endereçado. Monsieur le President de la Republique m'a encarregado de vous remercier de l'intention qui a inspire este ano.

(Assinatura) Secretaire Particulier.

Moscou, 21 de junho de 1964.

Prezado Sr.

Reconheço com agradecimento o recebimento do seu livro 'RAW FOOD IS THE PRINCIPLE
DA NUTRIÇÃO', que estou examinando com interesse.

S. KURASHOV, Ministro da Saúde Pública, URSS.

Phnom-Penh, 9 de janeiro de 1965.

Senhor,

Je vous remercie sinceramente de votre envoi de l'ouvrage 'RAW-Eating' não vous etes l'auteur et vous felicite pour les recherches et les experiencias que vous poursuivez sur l'alimentation.

Com todos os meus incentivos, je vous prie d'agreer, Monsieur, l'assurance de ma haute consideração.

NORODOM SIHANOUK UPAYUVAREACH, Chefe de Estado do Cambodja.

Phnom-Penh, 11"' de agosto de 1964.

Prezado Sr.

Com grande prazer recebi seu maravilhoso livro intitulado 'RAW-Eating'. O
O nome do livro me desperta uma profunda curiosidade sobre seu conteúdo.
Depois de ler o livro estou convencido de todas as verdades que você escreveu no livro...
O livro é tão precioso para mim. Guardo isso como uma lembrança inesquecível sua.
Agora, peço sua permissão para traduzir este livro para o idioma cambojano, para que ele traga o maior benefício à minha nação. Espero que a sua nova descoberta de uma nova ciência faça
uma nova virada para a sobrevivência da humanidade como um todo.

**CHUON NATH JOTANNANO,
Chefe Supremo dos Monges no Camboja.**

Phnom-Penh, 25 de julho de 1964.

Senhor,
En acusado recepção de votre manuel `RAW-Eating' que você tem eu amabilite de me faire parvenir, j'ai l'honneur et le plaisir de vous informer que ce livre m'a beaucoup interesse e je vous en remercie vivement.

NORODOM KANTOL,
Le President du Conseil des Ministres, Royaume du Cambodge.

A CASA BRANCA, 1° de junho de 1964.

Prezado Sr.
Obrigado por me enviar uma cópia de seu livro recente. Estou ansioso por algumas horas livres, quando terei a oportunidade de lê-lo com mais detalhes.

RICHARD W. REUTER, Assistente Especial do
Presidente e Diretor, Food For Peace, EUA.

Luxemburgo, 13 de maio de 1964.

Caro senhor,
Suas Altezas Reais, a Grã-Duquesa e o Hereditário, Grão-Duque de Luxemburgo, deseja-me acusar a recepção da sua amável carta de 23 de Março de 1964, através da qual lhes enviou o seu livro 'Raw-Eating'.
Suas Altezas Reais ficaram muito emocionadas com esta gentil atenção e me incumbiram de enviá-lo. Seus melhores agradecimentos. Eles lerão seu livro com grande interesse.

Major Germain FRANTZ, ajudante de campo.

Taiwan, 18 de agosto de 1964.

Prezado Sr. Hovannessian,
Li com interesse sua carta de 12 de maio junto com o volume anexo sobre `Raw-Comendo'. É uma recomendação muito instigante que você fez para a humanidade como um todo, e acho que merece uma leitura cuidadosa por aqueles que estão preocupados com a nossa saúde e a das gerações vindouras. Por favor, aceite meus sinceros agradecimentos pela sua consideração ao me enviar este volume.

CHEN CHENG, Primeiro Ministro da República da China.

Teerã, 18 de outubro de 1964.

Querido senhor,
A Embaixada da RSF da Jugoslávia e o Honneur de Vous Informar d'avoir recu une carta ao Secretariado Geral da Presidência da RSF da Iugoslávia, por laquelle est confirmada a recepção do livro RAW-Eating', não vous ter a habilidade de ser enviado ao Presidente Tito.
Le Secretariat General vous remercie cordialement, em nome do Presidente Tito, para votre enviado objetivo.

VLADIMIR MILOVANOVIC, Conselheiro.

Transport House, Londres, 29 de abril de 1964.

Prezado Sr. Hovannessian,
Foi muito gentil da sua parte me enviar uma cópia gratuita do seu livro `RAW-Eating', Aproveitarei a primeira oportunidade para estudar os princípios dietéticos que você propõe.

AL WILLIAMS, Secretário Geral,
O PARTIDO TRABALHISTA

Washington, 15 de maio de 1964.

Prezado Sr.
Obrigado pelo exemplar do seu livro, Raw-Eating', que recebi recentemente. Seu conteúdo foi anotado e agradeço sua consideração ao enviá-lo.

JOHN M. BAILEY, Presidente,
COMITÊ NACIONAL DEMOCRÁTICO.

Berna, 26 de fevereiro de 1964.

Senhor, Acusamos o recebimento e desejamos agradecer-lhe por uma cópia de seu livreto intitulado: Raw-Eating (uma pesquisa geral). Cada um deve reconhecer as matérias-primas integrais do seu corpo', que lemos com interesse. Com os nossos cumprimentos,

SERVIÇO FEDERAL SUÍÇO DE SAÚDE PÚBLICA,
Chefe de Controle de Alimentos, RUFFI.

Porto Príncipe, 16 de julho de 1964.

Prezado Sr.
Muito obrigado pelo seu livro intitulado "Comer Cru". Este livro deve ser lido desde
de ponta a ponta, porque abordou um problema que beneficiará o meu país em geral.
Espero que sua recomendação no livro atenda aos requisitos de todos e seja
o mais vendido deste ano.

**DEPARTEMENT DE LA SANTE PUBLIQUE ET DE LA POPULATION, GERARD
PHILIPPEAUX, SECRETÁRIO DE ESTADO, Republique d'Haiii.**

Taipei, 22 de julho de 1964.

Prezado Dr.
Muito obrigado pela sua carta de 12 de maio de 1964 e muito obrigado por me enviar
seu grande livro, The Raw-Eating'. É um assunto muito interessante sobre o qual
nunca pensei. Posso garantir que este excelente livro será um dos 'MEMBROS' da
minha biblioteca,
e vou valorizá-lo.
Esperando que esta carta corresponda a todos os bons votos do seu amigo, não, do
seu irmão
Cristo no Extremo Oriente.

W. T. HWANG, ESCRITÓRIOS DA IGREJA PRESBITERIANA, Taiwan, China.

Berlim, 4 de junho de 1964.

Prezado Sr.
O Presidente da República Democrática Alemã, Walter Ulbricht, expressa o seu mais
sinceros agradecimentos pelo livreto que você enviou a ele.
Como de costume, as suas declarações podem ser criticadas em detalhe - muitas
delas sendo certamente, acima de tudo, da preocupação do especialista: o médico, o
cientista nutricional, etc. sistema de nutrição.
O Governo da República Democrática Alemã, e especialmente o Ministério da Saúde,
prestam grande atenção a esta questão. A fim de criar um modo de vida saudável,
recentemente foi formado aqui um comitê, cujo objetivo é a popularização dos
princípios corretos de nutrição.

HUTH, Conselheiro Chefe, Chancelaria de Estado.

Médico estimado: La Habana, 24 de agosto de 1964.
Acuso recibo de seu amável envio do livro `Raw-Eating', gentileza que aprecio muy
Sinceramente e espero que você aproveite sua palestra e reconheça o mesmo, as
idéias e orientações valiosas que sua experiência nesta matéria nos transmite por meio
de sua palestra.

Dr. JOSE R. MACHADO 'VENTURA, MINISTRO DE SALUD PUBLICA, Cuba.

La Paz (Bolívia), 10 de julho de 1964.

Prezado Senhor:
Muito obrigado pela cópia gratuita do seu livro sobre 'Raw Eating'. eu não tenho
ainda assim, li-o completamente e apenas li alguns capítulos. As ideias que você
expressa neles são estimulantes, embora controversas. Ainda não estou em condições
de comentá-los, mas quero informá-los da recepção do seu livro e do interesse que
ele despertou em mim.

Dr. GUILLERMO JAUREGUI G. Ministro da Saúde Pública.

Belgrado, 20 de abril de 1964.

Prezado senhor,
Isto é para lhe agradecer por me enviar a cópia gratuita de seu livro intitulado
'COMER CRU', que certamente despertará grande interesse entre aqueles que estão
preocupado com os problemas da nutrição adequada.

MOMA MARKOVICH, Secretária Federal de Saúde e Política Social.

Também foram recebidas cartas de incentivo e gratidão das seguintes personalidades;
A Rainha dos Países Baixos; o rei da Dinamarca; o Rei da Suécia; o rei da Bélgica;
ANTONIO SEGNI, Presidente da República da Itália; Dr. ADOLF SCHARF, Presidente
da Áustria; FRANSICSO. ORLICH, Presidente da Costa Rica; S. RADHAKRISHNAN,
Presidente da Índia; SENHOR DE LISLE, Governador Geral da Austrália; Dr. URHO
KEKKONEN, Presidente da Finlândia; EAMON DE VALERA, Presidente da Irlanda; P.
VAN DE CALSEYDE, M.D. Diretor da Organização Mundial da Saúde, Copenhague,
Dinamarca; Perder LaMARSH, Ministro da Saúde e Bem-Estar Nacional; CH.
SHAPIRAH, Ministro do Interior, Israel; Dr. ALFONSO PONCE ARCHILA, Ministro da
Saúde, Guatemala; ABBEBE RETTA, Ministro da Saúde Pública; YUICHI SAITO, Diretor
de Ligação, Ministério da Saúde e Bem-Estar, Tóquio; SHRI MOHANLAL VYAS,
Ministro da Saúde e Trabalho, Gujarat, Índia; MacENTEE, Ministro da Saúde, Irlanda;
Dr. MARGA AM KLOMPE, Ministra da Saúde, Holanda; Dr. GIORGIO BORG OLIVIER,
Primeiro Ministro de Malta; GUDRUN SANZ e ELSIE WAERNDT, Fundação Nobel,
Suécia; J. GRIMOND, Leater do Partido Liberal de Londres; PIERRE WERNER,
Primeiro Ministro do Luxemburgo; SEAN F LEMASS, Primeiro Ministro da Irlanda;
ROBERT G. MENZIES, Primeiro Ministro da Austrália; MEHDI NAWAZ JUNG,
Governador de Gujarat, Índia; MAHARAJA SHRI JAYA CHAMARAJA WADIYAR
BAHADUR, Governador de Madras, Índia; SK PATIL, Ministro da Alimentação e
Agricultura, Índia; PC SEN, Ministro-Chefe de Bengala Ocidental, Índia; WILLIAM
GOPALLAWA, Governador-Geral do Ceilão; LESTER PEARSON, Primeiro Ministro do
Canadá; Dr. SAMPURNANAND, Governador do Rajastão, Índia; SHRI PARTAP SIN.GH
KAIRON, Ministro-Chefe de Punjab, Índia; ROBERT FRASER, Autoridade de Televisão
Independente, Londres: Sr. ROBERT FRASER. SARNOFF, presidente, Companhia
Nacional de Radiodifusão.

O seguinte aviso foi publicado no órgão oficial da Vegan Society, Grã-Bretanha (setembro de 1964):

"A trágica perda de seu filho de 10 anos e de sua filha de 14 anos pelo que ele veio a conhecer como nutrição não natural, ". fez Arshavir Ter Hovannessian fazer um estudo profundo sobre dieta -

o resultado está em 'RAW-Eating', um livreto (7/2d) que temos o prazer de receber de Teerã. "De uma forma convincente, ele destrói quase todas as nossas ideias preconcebidas sobre dieta, e até mesmo os veganos, com seus alimentos cozidos, podem ficar um pouco abalados."

"Não há bobagem sobre vitaminas sintéticas e talvez em sua adesão direta aos alimentos crus ele possa ter mostrado o caminho para contornar o fantasma da vitamina B12 e outras vitaminas 'essenciais'."

"Não podemos apresentar os seus argumentos, mas a sua filha, Anahit, de seis anos, que nunca consumiu um único pedaço de comida cozinhada ou degenerada na sua vida, é uma prova contundente da eficácia da dieta que ele desenvolveu, e que ." citamos aqui.

Imprimiram então, na íntegra, o apêndice que se encontra no final do livro (pp. 56-58 do presente volume), bem como a fotografia de Anahit.

Wilmslow, 20 de abril de 1964.

Querido senhor.Aterhov,
 obrigado pela gentileza em enviar uma cópia do Raw-Eating'.

A ideia é basicamente sólida e conhecemos as imensas qualidades corretivas de uma dieta de alimentos crus.

Se você quiser me enviar uma fotografia de sua adorável filha Anahit (como no verso capa), terei prazer em publicá-lo no THE BRITISH VEGETARIANO ainda este ano juntamente com o apêndice do seu livro.

GEOFFREY L. RUDD, Secretário e Editor,
THE VEGETARIANO SOCIETY, Inglaterra.

Málaga, 28 de maio de 1965.

 Caro amigo,
Por favor, envie-nos imediatamente uma dúzia de exemplares do seu excelente livro sobre 'Comer Cru'. Vamos

envie a remessa imediatamente após o faturamento, com taxas de revenda. Faremos um tour de palestras pela Inglaterra e País de Gales neste outono e esperamos usar o livro com bons benefícios lá.

H. JAY DINSHAH, Presidente,
THE AMERICAN VEGAN SOCIETY, Nova Jersey, EUA.

Ralph Bircher, inseriu um artigo principal de seis páginas no DER WENDEPUNKT, o órgão da Clínica Bircher-Benner em Zurique (maio de 1964), sob o título de "Alles-oder -nichts-Lehren fiber Ernahrung" (Doutrina Tudo-ou-Nada da Nutrição), que pode ser resumida aproximadamente da seguinte forma:

"Em dois cantos diferentes do mundo, foram apresentadas duas doutrinas de nutrição completamente opostas. Na Califórnia, um experimentador chamado Wirnitz inventou um pó nutricional quase insípido a partir de uma mistura de 48 produtos químicos. Com este 'alimento' artificial, ele conduz experimentos em 18 condenados e, sem esperar pelos resultados, ele prontamente revela a perspectiva aos jornalistas muito prematuramente." Depois de falar um pouco mais sobre os absurdos daquele suposto cientista, o revisor continua;

"Por outro lado, temos em nossa mesa de resenhas um pequeno livro com um ensino de nutrição totalmente oposto, representando uma posição de 'Tudo ou Nada': Aterhov/Raw-Eating. excelente inglês e é um resumo de dois enormes volumes armênios. Percebe-se nele a presença do filho da antiga alta cultura da Armênia. Com não pouca autoconfiança... ele representa a nutrição vegetal pura como o mais natural e o único alimento correto para o ser humano, e em nossa era de busca de compromissos ele faz isso com um caráter tão fresco e absolutamente sobre-humano que com toda probabilidade valeria a pena traduzir aquele livrinho para o alemão."

Depois de recapitular um por um os pontos essenciais de minhas concepções, o escritor menciona certos fatos científicos que falam a meu favor;

"Já há quarenta anos, Walter Sommer questionava-se por que Bircher-Benner não tinha ido tão longe na sua percepção a ponto de declarar que os alimentos crus eram o único alimento para o homem. A favor de Aterhov está o facto de, de acordo com as últimas investigações (Reader's Digest, Janeiro, 1964) o homem viveu de facto com alimentos vegetais crus (quase puros) durante um milhão e meio de anos e, assim, pode-se supor, atingiu o seu mais elevado desenvolvimento natural. A favor de Aterhov está a surpreendente compreensão da falta actual. equilíbrio entre nutrientes e vitaminas, a 'fome estimulada', o 'período de latência (Dammerungszone) em problemas de saúde', o papel do 'terreno' nas doenças infecciosas, a grande economia no metabolismo durante a nutrição de vegetais frescos, a superioridade biológica de proteínas vegetais, especialmente em alimentos crus, a integridade dos nutrientes, que nunca deve ser perturbada, e a perspectiva de tal nutrição face à escassez mundial de produtos alimentares.'

Segundo o crítico, os homens oscilam entre esses dois pólos extremos. Na sua opinião, seria presumivelmente correto nunca "descansar no meio". E ele aconselha o leitor a ficar muito mais próximo de Aterhov do que de Wirnitz.

Ashingdon, Rochford, 28 de fevereiro de 1964.

Caro senhor,

Obrigado por ver seu livro Raw-Eating'. Se você conhece nossa lista de publicações, você

perceba que concordamos plenamente com sua premissa fundamental. Estamos totalmente de acordo com o seu ponto de vista e inevitavelmente, à luz das atividades desta Empresa, concordamos com as suas conclusões.

Gostamos da sua abordagem ao tema da alimentação infantil. É realmente muito bom. É tão verdade que a criança tem que ter o seu gosto natural por fruta crua deliberadamente desviado em favor de alimentos cozinhados. E admiramos o seu tratamento abrangente do assunto, pois no espaço de 53 páginas você certamente trouxe à tona todos os argumentos a favor, seja do ponto de vista de uma vida saudável, ou da superação e/ou prevenção de doenças, e tomando em conta as implicações médicas e económicas, abordando mesmo o resultado ético para o mundo como um todo.

...Infelizmente, os possíveis benfeitores da humanidade não recebem aclamação e outras recompensas (materiais), a menos que trabalhem através do 'sistema'. Caso contrário, o que não se poderia fazer nem com um décimo das centenas de milhares de libras que são doadas para "investigação" por cientistas que muitas vezes só ficam em branco depois de um tempo, mesmo que os resultados não tenham realmente causado danos?

THE C. W. DANIEL COMPANY LIMITED, Inglaterra.

México, DF, 23 de abril de 1964.

Prezado Sr. Hovannessian:

Acabamos de receber o seu livro RAW-Eating' e só de relance, percebo que é

bastante interessante e que você está realmente fazendo um belo trabalho tentando convencer as pessoas de que o melhor de tudo é seguir os ditames da Natureza sem as modificações absurdas que a humanidade tem feito

com isso.

Caro amigo,

ING. CARLOS PRIETO LOZANO, Gerente Geral,
ASSOCIAÇÃO INTERAMERICANA DE ENGENHARIA SANITÁRIA.

13 de abril de 1964.

Friends House,

Seu livro sobre Alimentação Crua chegou ao Conselho de Serviço de Amigos e fiquei interessado em lê-lo. Vou enviá-lo para a Sociedade Vegetariana da Biblioteca de Amigos, onde espero que possa ser útil para outras pessoas. Obrigado pelo bom trabalho que você tem feito ao escrever e viver desta forma simples com os alimentos naturais crus. Parece-me um sinal de esperança para a alimentação mundial e para a paz na terra. Acredito que isso deveria nos tornar mais sensíveis à luz espiritual e nos ajudar a ver Deus em toda a vida. Actualmente sou 'vegano' (vegetariano, não tomo ovos, leite, etc.), por isso valorizo as suas sugestões e estou grato por mais pessoas estarem a ver isto como uma forma correcta de viver. Existem agora várias sociedades, religiosas e humanitárias, que são vegetarianas
e amantes da paz, e estes devem ajudar a unidade mundial.

QUEENIE DAWE, Friends House, Londres.

Caro senhor,

Israel, 22 de janeiro de 1965.

Depois de ler seu livro Raw-Eating', gostaríamos de ler seus outros livros em inglês... Se as pessoas ao menos pensassem e entendessem que podem ser mais saudáveis e felizes sem todos os
lixo que eles estão levando para seus corpos!
Você é um profeta do nosso tempo. Oramos a Deus que seu povo e todas as pessoas do mundo ouvir você.

M. NEZAH, ND, DC, MH, Doutor em Naturopatia.

Caro senhor:
Li o seu livro Raw-Eating' e gostei muito. É muito interessante em tudo
aspectos, pois o alimento deve ser consumido tal como a natureza o produz.
Seus pontos fundamentais são os mesmos que sustentei em meus livros e
escritos, de muito tempo atrás... Gostaria de traduzi-los para o espanhol, se você aceitar a ideia. Se você não se importa, envie-me uma cópia para mim. Estou fazendo uma resenha para uma revista espanhola: Bionomia, publicada em Madrid, Espanha...
A.SEVERON, Doutor em Naturopatia, Espanha.

Boston, 5 de julho de 1966.

Saudações, Sr.
Em anexo você encontrará dez dólares por sete de seus livretos intitulados Raw-Eating'. Isso deixará um saldo de três dólares para cobrir o custo de envio do maior número possível de seu boletim nº 1.
Estamos muito interessados no seu boletim nº 1 porque é nossa intenção enviar uma cópia dele pelo correio às muitas pessoas que nos escrevem a respeito dos seus problemas de saúde. Temos certeza de que será uma bênção para muitas pessoas.

Agradeceremos se você nos der permissão para fazer cópias mimeográficas do seu boletim nº 1, já que, é claro, não consideraríamos fazer isso sem a sua permissão. Se permissão for dada, não adicionaremos ou subtrairemos uma única palavra. Somos uma organização sem fins lucrativos e desejamos sinceramente ajudar a humanidade sofredora a encontrar o caminho de volta à saúde que Deus planejou que tivéssemos. Estamos convencidos de que você também está motivado pelo mesmo desejo.

Espero, caro Sr. Aterhov, que você dê a isso sua atenção pessoal e me deixe receber notícias suas por correio aéreo assim que for conveniente para você fazê-lo. Também apreciaremos muito se você anexar alguns de seus boletins nº 1 em sua carta por correio aéreo.

ANN WIGMORE, D.D., fundadora, THE RISINGSUN, Boston

Los Angeles, 23 de junho de 1966.

Meu querido Frater:

O escritor recentemente tomou posse de seu livro habilmente escrito e esclarecedor, intitulado Raw-Eating', e gostou muito de sua leitura. Ele deseja oferecer-lhe os seus sinceros parabéns por esta erudita apresentação e, em particular, pelo seu corajoso apoio e endosso ao consumo de alimentos naturais e crus.

Este procedimento dietético tem sido desde há muito subscrito com seriedade; de facto, quando se dedicava ao fabrico de instrumentos terapêuticos electromagnéticos, ele escreveu várias dietas para médicos e enfermeiros há cerca de 40 anos ou durante 1926, que recomendavam uma predominância de alimentos 'crus'. alimentos da dieta diária...

O escritor também conduziu extensas pesquisas nas áreas de emanações e radiações eletromagnéticas e, mais tarde, nos assuntos vitais da química agrícola, envolvendo requisitos não apenas quantitativos, mas qualitativos para atender às necessidades alarmantes da humanidade atual...

Antes de prosseguir, podemos perguntar se algum dos seus volumes anteriores foi escrito em inglês? Observa-se que um deles foi publicado em armênio. Nesse caso, o escritor gostaria de estudá-lo para obter um grau mais completo de compreensão do seu estimado trabalho humanitário.

A título de explicação, pode-se afirmar que o escritor dedicou tempo e esforço consideráveis à conclusão de um tratado abrangente, que está quase concluído, intitulado O Resgate Supersensível do Homem', que de fato cobre um assunto profundo...

Antes de encerrar esta missiva, poderia o escritor afirmar que seu livro é uma valiosa contribuição para a humanidade e merece ampla leitura e estudo? O homem não reconhece que a vida vegetal é a única fábrica de alimentos satisfatória, e que nem o animal nem ele podem existir sem a planta, para criar e fornecer, em forma assimilável, os minerais e essências vitais em estado orgânico para seu sustento. Ele parece ainda considerar "cru" como algo não refinado, grosseiro, impróprio e despreparado para seu uso ou prazer...

Como escreveu o grande Dr. Alexis Carrel há várias décadas: "Os homens não podem seguir a civilização moderna ao longo do seu curso actual, porque estão a degenerar. Eles ficaram fascinados pela beleza das ciências da matéria inerte. Eles não compreenderam que seu corpo e sua consciência estão sujeitos a leis naturais, mais obscuras, mas tão inexoráveis quanto, as leis do mundo sideral (astral). Nem compreenderam que não podem transgredir estas leis sem serem punidos. Eles devem, portanto, aprender as relações necessárias do universo cósmico, dos seus semelhantes e do seu eu interior, e também das relações dos seus tecidos e da sua mente. Na verdade, o homem está acima de todas as coisas. Se ele degenerasse, a beleza da civilização e até mesmo a grandeza do universo físico desapareceriam.' O Dr. Carrel alude frequentemente ao facto de que a construção de cada vez mais grandes hospitais não supera a necessidade de lidar com as causas, em vez de lidar continuamente apenas com os efeitos.

Portanto, temos muito a fazer para educar a humanidade e para regressar aos fundamentos naturais, ao bom senso e ao cumprimento dos nossos deveres e responsabilidades.

AUTOR B. WALKER, Califórnia, EUA.

Allegany, NY, 28 de outubro de 1966.

Prezado Sr.

Um de seus livros 'Raw-Eating' chegou às minhas mãos e estou muito impressionado com sua conteúdo; tanto que adotei o regime de alimentação crua.

Tenho uma fazenda aqui onde cultivo minhas próprias frutas, nozes e vegetais organicamente, e estou interessado em ajudar outras pessoas através da alimentação crua a alcançarem uma saúde perfeita; então, com isso em mente, estou lhe enviando um cheque bancário de US$ 20,00 para cobrir o pagamento de 30 exemplares do seu livro. Também apreciaria várias cópias do seu boletim nº 1 para distribuir aos meus amigos...

Farei tudo o que puder para promover o seu livro neste país, pois ele me ajudou a encontrar um bom caminho para a verdadeira saúde. Tenho muitos seguidores aqui nos Estados Unidos e me dedico à causa da BOA SAÚDE através de uma alimentação e vida corretas. Sou membro vitalício da American Natural Hygiene Society. Pretendo continuar a espalhar o evangelho do Raw-Eating através do seu livro e acredito que isso trará muito mais pedidos em maiores quantidades para o seu livro. Tenho uma linda fazenda aqui e, se você vier a este país, será bem-vindo e ficará como meu convidado.

AJ RUGGIERI Presidente, GOOD GUYS OF THE GLOBE, " Peace: Good Will Towards Men" , N.Y., EUA.

Meadows of Dan, 1º de setembro de 1966.

Caro amigo,

Sou vegetariano e comedor de alimentos crus, prego e ensino isso. Encontrei seu boletim nº 1 no

Mount Zion Reporter e eu recortamos e fizemos uma reimpressão para distribuir de graça... Eu pisei em seus pés ao fazer isso sem pedir, e você me dá o direito de imprimir mais destes para dar de graça aos meus amigo doente?... Tenho um livro precioso 'Nature The Healer' de John T. Richter, mas preciso ver o que você diz. Por favor, envie-me 'Comer Cru', e se isso for igual a Nature The Healer, precisarei de muitos deles para dar aos meus semelhantes. Também sou escritor de folhetos, mas não sou médico...

11 de dezembro de 1966.

Fiquei mais do que feliz em receber os livros junto com sua boa carta... Amiga, acho seu livro top; Eu estava procurando um menor que Nature The Healer. Não há trabalho melhor do que esclarecer as pessoas sobre o valor dos alimentos crus. Acho que seu livro atende às minhas necessidades agora, tanto quanto o livro maior, e também traz à tona mais coisas boas. Sim, posso usar os livros que você enviou... Preciso de mais alguns livros seus. Estou indo em uma viagem missionária para a Flórida e precisaria de muitos de seus livros nesta viagem. Estou disposto a difundir o consumo de alimentos crus dessa forma e também sou chamado a assumir certos casos para colocá-los em uma dieta crua. Neste momento uma senhora está à beira da morte, quase abandonada pelos médicos. Ela está me implorando para ajudá-la a entrar na dieta, espero fazer isso em breve...

Sra. I, W, CARROL, VA, EUA.

Israel, 22 de agosto de 1966.

Muito caro Sr. Aterhov,

É com grande prazer que hoje terminei de ler o seu excelente livro RAW-Eating'.

Se um dia a humanidade compreender a importância da alimentação natural, este será o início de uma nova era na história da vida humana; será simplesmente o PARAÍSO.

Com sua permissão, deixe-me apresentar-me. Meu nome é Joseph Razon, tenho 43 anos, vim para Israel há três anos e trabalho como médico na Organização Médica Kupat Holim. Não me sinto feliz na minha rotina diária de trabalho, pois sou obrigado a prescrever medicamentos (venenos). Embora eu tente prescrever a menor quantidade possível (primum non nocere), não estou satisfeito com minha prática de traficante de veneno! Devo trabalhar porque sou um homem casado! Minha esposa é de Teerã...

Depois de ler seu livro, pensei em escrever para você e perguntar se você poderia nos enviar alguma literatura em língua persa para minha esposa. Tenho certeza que se ela ler sobre a alimentação natural e seus efeitos no organismo humano, não se atreverá a alimentar nosso filho (estamos esperando um bebê) com elementos mortos!

Gostaria de lhe dar alguns detalhes sobre minhas atividades em Istambul há alguns anos. Fui secretário-geral da "Sociedade Vegetariana-Higienista Turca" e um dos membros mais activos do movimento. Lá, as organizações médicas e a indústria química viram um perigo no nosso movimento vegetariano devido aos seus venenos e, como judeu, eu era o ponto mais fraco que eles acharam fácil de destruir. Causaram muitos danos à minha pessoa e fui obrigado a deixar para sempre o país onde nasci, onde estudei e cujo povo amava. Mas eu tive que vir para Israel. Felizmente, aqui podemos falar e escrever livremente sobre vegetarianismo e vida natural. Existem mais de 20 médicos naturopatas e temos também uma aldeia de vegetarianos, AMIRIM, perto da cidade SATAD nas montanhas da Galil!

Há uma semana visitei este lugar pela segunda vez, estava me sentindo feliz e queria ficar e morar lá. Mas antes de mais nada devo convencer minha esposa. Por favor, peço-lhe que me envie alguma literatura em persa sobre o assunto.

Foi um prazer ver a foto da ANAHIT, tão charmosa e saudável. Pode-se sentir sua saúde apenas olhando sua foto.

12 de novembro de 1966

Foi um verdadeiro prazer receber o seu interessante livro Raw-Eating' na sua versão persa. Sou grato a você e espero que minha esposa entenda melhor o assunto. Também espero que meu filho fique isento dos danos causados por alimentos cozidos e não naturais!...Apesar do meu trabalho na organização médica, cuido de pessoas que desejam seguir um estilo de vida higiênico. Quando estive na Turquia, cuidava dos meus pacientes como higienista natural. Agora, em Israel, primeiro tenho que ganhar a vida, por isso tenho que trabalhar na organização médica.

Mais cedo ou mais tarde terei de trabalhar apenas no campo da não utilização de drogas. Mas sem um recurso de saúde isto não será suficientemente satisfatório, por isso, juntamente com alguns médicos naturopatas, estamos à procura de pessoas dispostas a ajudar-nos! Espero que em um futuro próximo eu conte mais sobre isso.

Dr. JOSEPH RAZON, Israel.

Baldwin Park, Califórnia, 14 de abril de 1966.

Caro amigo:

Fiquei feliz em ver seu artigo sobre alimentação crua no 'Mount Zion Reporter' de Jerusalém,

Israel. O Editor é meu irmão. Fico feliz que você tenha falado sobre seu livro no jornal dele. Estou muito interessado em mais literatura sobre alimentos crus, por isso estou enviando meu pedido, o meu primeiro, pois pretendo divulgar essa verdade tão necessária.

20 de junho de 1966.

Recebi seus valiosos livros. Eles são exatamente o que eu preciso... Eu valorizo muito os livros e espero que muitas pessoas em diferentes nações os encontrem, pois tive a sorte de fazê-lo...

13 de novembro de 1966.

Estou feliz por agora poder encomendar mais alguns de seus livros, Raw-Eating'. Eles são o que as pessoas precisam. Eu queria enviar este pedido muito mais cedo, mas esperei até poder poupar o dinheiro. Acho que da próxima vez posso fazer o pedido antes, pois já estou cuidando de algumas coisas... Moro sozinho, farei 89 anos no dia 5 de fevereiro de 1967, então não posso sair com os livros e vendê-los como um jovem poderia. Estou escrevendo meu nome e endereço nos livros e os emprestando para aqueles que irão lê-los. Quero que os livros se movam para que não possa distribuí-los pela casa de alguém... Tenho tentado seguir o método de alimentação natural da melhor maneira que conheço há quase todos os últimos dois anos. Trabalhei no meu jardim durante toda esta manhã e não estou cansado...

ORA F. CARPENTER, Califórnia, EUA.

Alberta, 9 de abril de 1966.

Caro senhor,

Sou leitor do 'Mount Zion Reporter' e estou interessado no artigo `Value of Raw Food'. EU Tenho 75 anos e naturalmente gostaria de me beneficiar das qualidades da dieta de alimentos crus. Já fui atleta – mas me dediquei às dietas de alimentos cozidos. O problema é conseguir o tipo correto de vegetais e frutas – livres de injeções minerais, aqui no Canadá.

GEORGE BAIN SUTHERLAND, Canadá.

Swansea, 1º de março de 1964.

Prezado Sr.

No início de janeiro, enquanto assistia ao programa 'TONIGHT' na minha televisão, fiquei

eletrizado ao ver seu livro e ao ouvir alguns trechos dele lidos. Eu estava muito interessado em ter um exemplar do seu livro. Então escrevi para a BBC. para obter os detalhes necessários sobre o editor, etc. Infelizmente, fui informado, eventualmente, que não é possível obtê-lo neste país. No entanto, eles me enviaram o único endereço que tinham, então decidi escrever para você, nem que seja para agradecer e desejar muito sucesso na divulgação de sua mensagem. Concordo fervorosamente que o vício alimentar é o mais prejudicial de todos os vícios. Que mundo diferente este poderia ser, se a humanidade mudasse os seus costumes alimentares, como insiste no seu livro. O vosso exemplo é o maior esforço para o bem humano no mundo de hoje. Salve você – o profeta supremo desta era...

29 de abril de 1964.

Que dia feliz foi a quarta-feira passada quando seu livro e sua carta chegaram. Isso absorveu e às vezes me assustou. Acima de tudo, iluminou-me e inspirou-me novamente. Desde criança, quando decorei diversas citações na catequese, busquei a VERDADE. ('E conhecereis a verdade, e a verdade vos libertará'). A busca levou-me através de diferentes igrejas, ao Racionalismo e ao Socialismo, depois ao Vegetarianismo com a Reforma Alimentar e a Cura Natural e, finalmente, à Teosofia com a única explicação aceitável (para mim) dos problemas da vida – Karma e Reencarnação. Que jornada longa e árdua tem sido. E aqui, finalmente, olhando para o seu livro, sinto "É ISSO". Obrigado por um presente tão maravilhoso e valorize sua carta também...

3 de fevereiro de 1966.

Foi uma grande alegria ouvi-lo novamente e aprender com seu folheto os muitos sucessos alcançados por aqueles que seguem seu exemplo... Você terá interesse em saber sobre meu próprio neto. Ele teve um colapso nervoso em 1964 e ficou internado em um hospital psiquiátrico por um curto período. Logo depois que ele saiu, consegui enviar-lhe um exemplar do seu livro... Ele começou a comer cru como um pato na água e teve uma recuperação maravilhosa. Isso mudou toda a sua perspectiva e personalidade, e agora ele está progredindo bem nos estudos. Ele é estudante de arte na Universidade de Manchester.

Sra. GERTURDE E. HARRIES, Inglaterra.

Mar Sul, 20 de fevereiro de 1964.

Caro senhor,

Ficaria muito grato se você me desse detalhes sobre como obter o livro chamado 'RAW-

COMENDO' por ATERHOV. A British Broadcasting Corporation em Londres me deu seu endereço, pois me informou que o livro não estava disponível em inglês. Gostaria muito de ter uma cópia.

19 de março de 1964.

Muito obrigado pelo seu livro sobre Alimentação Crua que recebi na quinta-feira passada, 12 de março. O conteúdo do seu livro foi realmente uma revelação para mim, o livro mais maravilhoso que já li sobre as necessidades e exigências do ser humano. Também pensei em como o tema do livro era sincero e comovente. Agradeço a extensão do estudo e o tempo gasto no esforço de elaboração e preparação do livro. Esta é uma expressão muito pobre de como realmente me sinto sobre isso e farei o meu melhor para despertar o interesse de outras pessoas, mas não será uma tarefa fácil saber o que as pessoas são e quão relutantes são em mudar os seus hábitos, especialmente alimentares. uns. No entanto, tentarei ao máximo convencê-los e fazer com que mandem buscar o seu livro... Se você estiver interessado, avisarei de vez em quando como estão as coisas...

Sra. VM SNELLING, Inglaterra.

Santa Rosa, 27 de novembro de 1964.

Caro senhor,

Tive o prazer de ler seu livro, 'Raw-Eating', e gostaria muito de ter

um para mim. Depois de discutir o assunto com dois de meus amigos, eles também estão interessados em adquirir um, então estou anexando uma ordem de pagamento de US$ 4,50 para três livros... Estou muito ansioso para receber esses livros... Sou 100 por cento 'comida crua', e estou espalhando a boa palavra entre aqueles que estão interessados. Alimentos crus salvaram minha vida.

21 de janeiro de 1965.

Após o recebimento de 15 cópias de 'Raw-Eating' com fatura anexada solicitando a quantia de US$ 10,00, estou anexando um cheque bancário... mais US$ 10,00 adicionais por mais 15 cópias de Raw-Eating.'

"Eu realmente aprecio a oportunidade de ajudar as pessoas a entenderem a necessidade de comer alimentos crus, através deste seu excelente trabalho.

2 de fevereiro de 1965.

Uma cópia da revista 'Let's Live' é sua para ler o artigo de Martin Reinecke, `Adventures in Raw Foods'.

A edição deste mês traz minha carta contando como meu marido e eu começamos a comer alimentos 100% crus. Estamos muito entusiasmados com isso e continuaremos a ajudar Martin a promover esta forma de comer, tanto quanto pudermos.

Seu próprio livro, "Raw-Eating", é simplesmente fantástico. Tenho muito prazer em distribuí-lo entre as pessoas que buscam esse conhecimento. É verdade que neste momento são muito poucos, mas acredito que com o tempo a compreensão chegará a muitos. Trabalhar tranquilamente com quem vai ouvir é muito gratificante.

6 de maio de 1965.

Recebi sua carta solicitando as edições anteriores de 'Let's Live', mas lamento que a Loja de Alimentos Naturais tenha vendido todas as cópias. Estou enviando a você a edição de maio e continuarei enviando as seguintes, a menos que você queira fazer uma assinatura.

Enviei uma cópia de sua carta a Martin Reinecke para correção de seu artigo de fevereiro, conforme sugerido.

Estarei interessado em ter uma cópia do seu segundo volume quando estiver completo. Tive um bom sucesso na venda de seu primeiro volume e vou querer manter alguns em mãos.

Sra. HELEN M. BULBECK, Califórnia, EUA

Venice, Califórnia, 29 de setembro de 1964.

Prezado Sr.

Muito obrigado por duas cópias do seu livro `Raw-Eating'. Gostei muito de lê-lo muito.

Parei de comer comida cozida há cinco meses. Tenho 31 anos e me sinto muito bem. Todo

outro dia corro de 3 a 8 quilômetros na praia, nado, faço caminhadas nas montanhas. Há três semanas, subi o Monte. Withney em um dia. A viagem de ida e volta é de 42 quilômetros e a montanha em si tem mais de 14.500 pés de altura. Minha pulsação é 58-60. Digo tudo isso para que saibam que a comida crua é a resposta para todos os sofrimentos da humanidade.

Talvez eu esteja muito interessado em vender seu livro nos Estados Unidos (e talvez no Canadá). Por favor, deixe-me saber quanto você pede por 500 ou 1.000 cópias...

6 de fevereiro de 1966

Minha esposa e eu estamos há quase dois anos com uma dieta 100% de alimentos crus, com os melhores resultados. Em anexo estou lhe enviando um artigo, escrito por Shirley, minha esposa, e impresso na revista 'LET'S LIVE', julho de 1965.

Permitimos que você use este artigo e as imagens anexas. Uma das fotos é de um amigo muito querido que come alimentos crus. Ele luta contra leões (africanos) com as mãos nuas, e esses leões têm todos os dentes e garras. MICKEY SOLOMÃO é o nome dele.

Nunca nos sentimos tão bem em nossas vidas, já que comemos alimentos crus. Seu livro é o melhor livro que possuímos sobre alimentos crus, e lemos seu livro com frequência. Gostaríamos de divulgar a verdade sobre os alimentos crus... Achamos que seu maravilhoso livro deveria estar disponível para muitas pessoas. Em anexo está uma ordem de pagamento de US$ 20,00...

SHIRLEY e THORWALD BOIE, EUA
Colômbia, S.C. 7 de janeiro de 1965.

Prezado Sr. Hovanessian:
Gostei muito de um artigo sobre seu livreto RAW-Eating' na Let's Live Magazine-Dezembro de 1964. Escrevi ao autor, Martin J. Fritz, e ele me aconselhou a escrever para a British Vegetarian Magazine e eles, por sua vez, me deram seu endereço...

SRA. IRENE GOLEMON, EUA

Extraído de uma carta escrita por um cavalheiro em Abadan, depois de ler meu livro persa:

Abadan, 25 de julho de 1965.

Prezado Sr.
Seu pequeno livreto trouxe uma grande mudança em minha perspectiva mental, de modo que eu
já me considero um comedor cru. Não sei como te agradecer. Não é exagero dizer que devo minha vida a você. Tu és o Jesus do nosso tempo, dando vida aos doentes e aos semimortos, e que vida doce!... Parece-me incrível que alguém possa ler o teu livro e não mudar o seu modo de vida.

SADARAT, Abadan, Irã.

Após a publicação do meu grande volume em arménio, o consumo de alimentos crus tem vindo a ganhar um número considerável de seguidores na Arménia soviética.
Erivan,

24 de março de 1961.

Prezado Sr. Hovannessian,
A Biblioteca Central da Academia de Ciências da RSS da Armênia recebeu com obrigado pelo primeiro volume do seu trabalho intitulado Raw-Eating'.

24 de março de 1961

Para satisfazer as exigências dos nossos numerosos leitores pela sua obra intitulada "Comida Crua", envie-nos cinco exemplares do primeiro volume, visto que os dois exemplares já enviados estão sempre em circulação e ocorrem atrasos consideráveis na atendendo às demandas de um grande número de leitores."

ACADEMIA DE CIÊNCIAS DA RSS DA ARMÊNIA, H.
MECHERIAN, Diretor da Seção Completa.

Erivan, 20 de novembro de 1961.

Prezado Sr. Hovannessian,
Recebemos dez exemplares do primeiro volume do seu trabalho intitulado "Raw-Eating",
apresentado à nossa biblioteca, pela qual expressamos nossa sincera gratidão.

Erivan, 16 de junho de 1965.

A Direção da Biblioteca Estatal da Armênia deseja expressar sua sincera gratidão pelos seis exemplares de seu livro intitulado 'Along the Paths of Raw-Eating', que você apresentou a
a biblioteca.
O número de pessoas interessadas em comer alimentos crus está aumentando gradualmente e muitas delas
eles desejam ter seus livros. Você poderia nos dar mais algumas cópias do seu
  publicações?

**O MINISTÉRIO DA CULTURA, SSR ARMÊNIO,
A.M. BIBLIOTECA ESTADUAL DA REPÚBLICA DE MIASNIKIAN,
ARAZI TIRABIAN, Diretor.**

Posteriormente, enviei frequentemente vinte a trinta exemplares dos meus livros para esta biblioteca, sem esperar qualquer retorno ou recompensa.
De um modo geral, na ausência de instalações comerciais privadas, atendo todos os pedidos de livros recebidos da União Soviética de forma totalmente gratuita, independentemente de tais pedidos provirem de instituições públicas ou de particulares.
Trechos de uma carta escrita pelo eminente poeta e patriota armênio, Hovhannes, Shiraz:

Erivan, 4 de janeiro de 1962.

Prezado Ter Hovannessian,
Foi por mero acaso que me deparei com o seu admirável livro intitulado "Raw-Eating". Você
estão destinados a se tornar o grande salvador de toda esta humanidade estúpida. Sua descoberta, comer cru, é tão grande quanto a do grande Darwin; na verdade, é maior e mais humanitário, ou melhor, devo dizer mais filantrópico, do que todas as grandes descobertas dos séculos anteriores. Mas, infelizmente, há uma rocha invencível na sua frente. Se ao menos esta criança cega, esta chamada humanidade, que foi enganada durante milhares de anos, recuperasse o juízo, abandonasse o fogo e seguisse você pelo caminho prudente que você abriu, a besta desapareceria de dentro o homem.

Mas a humanidade, com toda esta multidão de raças e tribos, ainda se agarra ao fogo, como o musgo se agarra à rocha. Ele não abandona sua comida cozida, que traz a morte, e não a abandonará ainda... Mesmo assim, beijo sua testa triste e me alegro ao pensar que você nasceu armênio. Você é realmente imortal..."

HOVHANNES SHIRAZ, RSS da Armênia.

Desde a infância, o escritor da carta seguinte, um jovem estudante, sofria de muitas doenças, incluindo sarampo, escarlatina, caxumba (parótidas), malária, angina, vários resfriados e catarros, dor de ouvido, dor de dente, prisão de ventre, diarréia. , hemorróidas, apendicite e inflamação crónica da vesícula biliar (colecistite). Hoje, comer cru o aliviou de todos esses sofrimentos, pelos quais expressa sua gratidão nas seguintes linhas:

Erivan, 5 de fevereiro de 1964.

Meu caro professor, não tenho palavras para expressar o sentimento de gratidão e admiração que há meses tenho sentido por você, porque todas as palavras parecem ridiculamente inadequadas.

Com um único movimento mágico você acabou com o pesadelo que assombrava minha vida, assim como, sem dúvida, fará o mesmo com outras pessoas, até que a própria causa desse pesadelo seja erradicada – graças a você.

Você veio para dissipar aquela cegueira de olhos abertos, aquela surdez de ouvido aguçado e aquela loucura inconsciente em que eu estava imerso, como todo mundo. , .

Você veio com uma lâmpada mágica para retratar contra a abóbada do céu aquele semblante que era verdadeiramente meu e sobre o qual até então eu só conseguia sonhar e supor.

Curvo-me diante de sua figura brilhante e saúdo você como o homem a quem devo mais do que jamais devo a qualquer outra pessoa.

Curvo-me diante de sua figura brilhante e saúdo você como o herói cujo nome está hoje constantemente nos lábios daqueles que ele salvou, mas amanhã estará nos lábios de todos.

Eu me curvo diante de sua figura brilhante e o saúdo como um cruzado pela civilização real, pela ciência real, pelo progresso real e como um lutador por um futuro científico brilhante, civilizado.

ARMEN VUSHTOLINY, RSS da Armênia.

Erivan, 29 de março de 1964.

Prezado Hovannessian,

Apenas algumas linhas para que você saiba que o consumo de alimentos crus teve outro recruta, cujo motivo

a adoção da nova forma de nutrição não se baseia em qualquer sentimento de desespero causado por uma doença ou outra, mas nos ideais inspirados pelos seus grandes pensamentos.

Devo confessar que há uma série de obstáculos no meu caminho, porque o meu pai é biólogo, enquanto o meu irmão é médico, e na minha família sou o único que se alimenta de uma dieta diferente (normal). Já faz nove meses que mudei para o novo método de nutrição e estou gozando de excelente saúde. Parece-me que cartas como esta, chegando até você de todos os cantos do globo, se multiplicarão em progressão geométrica e que você não terá tempo para ler as linhas de agradecimento que lhe são dirigidas. Sua descoberta ficará para a história, assim como a descoberta de Colombo...

18 de junho de 1965.

Estou escrevendo de Leningrado. Continuo meus estudos no Conservatório aqui. Estando sempre com você, envio-lhe os meus melhores votos, confiante na crença de que o tempo está do seu lado. Os exames médicos realizados em mim pelo meu irmão sempre dão resultados satisfatórios. Sinto-me realmente muito bem, enquanto meu peso continua aumentando lenta mas seguramente.

H. SVATCHIAN.

Erivan, 6 de janeiro de 1965.

Prezado Sr. Hovannessian,
Já faz seis meses que pratico a alimentação crua. Tendo pleno conhecimento do maravilhosa recepção concedida ao seu livro em todas as partes do mundo, não quero entrar em detalhes e repetir os elogios habituais. Sem dúvida, a concepção de comer cru é a maior vitória alcançada pela mente humana durante todo o curso da civilização.
Não quero escrever sobre as minhas experiências pessoais, porque, depois de ler os excertos por si citados de diversas cartas de agradecimento, percebo que as minhas reacções estão em plena consonância com as reacções experimentadas por outros consumidores de alimentos naturais.
De especial importância são as mudanças psicológicas que se seguem imediatamente, se é que não precedem, as reações fisiológicas.
Permita-me agradecer-lhe pelo presente único que você apresentou à humanidade.

VLADIMIR KHCHATOURIAN, RSS da Armênia.
Mensagem de Natal de uma jovem em Moscou:

Moscou, 20 de dezembro de 1964.

Prezado Sr.
É com prazer que lhe envio as saudações da temporada, juntamente com o meu agradecimento pessoal e meus melhores votos pela vitória do seu grande e humanitário trabalho.
Sua seguidora, que se recuperou de uma longa e grave doença cardíaca.
Posteriormente, numa carta de dez páginas, ela conta a história completa de sua doença e recuperação, da qual se resume o seguinte:

31 de março de 1965.

Passei a comer alimentos crus em novembro de 1963. Desde então nunca tive um momento de dúvida. Naquela época eu já tinha um histórico de doenças cardíacas que se estendia por um período de nove anos.

Mas deixe-me começar do início. Quando eu tinha oito ou nove anos tive um ataque de reumatismo. Depois disso, cerca de dez vezes por ano, eu contraía laringites, gripes e resfriados de todos os tipos, que geralmente duravam de seis a dez dias. Gradualmente desenvolveu-se amigdalite crônica. Aos quatorze anos, os médicos descobriram uma lesão na válvula mitral no meu coração e mais tarde encontraram cardite reumática. Aos quinze anos removeram minhas amígdalas. Eu sofria continuamente de dores cardíacas prolongadas, neurite, debilidade e insônia. O curto sono que se seguiu a horas de tormento foi acompanhado de pesadelos terríveis. Quando acordei no meio da noite, tive medo da escuridão. No geral, eu costumava passar três ou quatro meses por ano na cama. Foi com considerável dificuldade que subi um único lance de escada; Sempre fui privado de caminhadas, exercícios físicos, natação, viagens, leitura e muitos outros prazeres e recreações.

Sempre estive sob os cuidados de médicos. Costumavam me 'curar' por meio de piramide, aspirina, antibióticos, analgésicos, vasodilatadores, soporíferos e outras drogas similares. Meu organismo continuou protestando de forma surpreendente contra essas medidas e meu estado foi piorando gradativamente. Convencido da ineficácia de tais remédios, finalmente dispensei todos eles.

Por favor, perdoe-me por ocupar sua atenção com detalhes tão minuciosos. Parece-me que eles irão interessá-lo, especialmente porque a mudança ocorreu de forma surpreendente. Desisti de refeições cozinhadas sem qualquer dificuldade. A alimentação crua despertou em mim uma agradável sensação de purificação interna e leveza. Quase da noite para o dia, meu coração parou de me preocupar. Enquanto antigamente eu sentia dores na região do coração não apenas uma vez por semana, mas quase TODOS OS DIAS e durante HORAS A FIM, no primeiro ano em que comi alimentos crus não fiquei na cama um único dia , e as dores em meu coração foram limitadas de seis a oito dores MOMENTÁRIAS de poucas consequências. Há um ano e meio não tive um ÚNICO ataque de gripe ou resfriado. Nos primeiros meses, minhas dores de cabeça desapareceram completamente. Mas o maior milagre para mim foi o fato de que comecei a adormecer ALGUNS MINUTOS depois de ir para a cama. Minha capacidade de trabalho aumentou; minha antiga dissipação, tensão nervosa e irritabilidade desapareceram.

No Outono fiz uma viagem à Arménia e trabalhei no `Matenadaran' (o Repositório de Manuscritos). Que alegria foi caminhar de vinte e cinco a trinta quilômetros por dia nas montanhas e depois voltar para casa com total disposição para repetir a performance imediatamente. Tornei-me um ser humano livre, que a natureza finalmente admitiu em seu seio. Esta é realmente uma grande felicidade, pela qual gostaria de expressar mais uma vez a minha sincera gratidão.

Moscou, 16 de agosto de 1965.

A minha saúde continua a dar-me toda a satisfação, especialmente porque o meu organismo tem sofrido provações bastante severas de tensão mental e nervosa (hipertensão), bem como uma considerável fadiga física sofrida durante as viagens nas montanhas.

Em breve completarei o segundo ano de alimentação crua. Nunca mais consigo pensar em desistir de comer alimentos crus. As perguntas que lhe coloquei são puramente esclarecedoras e não devem criar em você a menor dúvida em relação ao meu futuro. Acima de tudo, para mim os aspectos físicos da questão têm menos importância do que as bases espirituais, que sempre foram firmes e inabaláveis.

OLGA KERENSKAYA, URSS.

Como os meus livros não são facilmente obtidos na União Soviética, os consumidores convictos de alimentos crus traduzem resumos das minhas publicações para o russo e distribuem cópias duplicadas delas entre os seus amigos e conhecidos. Muitas pessoas copiam esses resumos umas das outras. O que se segue é um trecho de uma longa carta escrita por uma senhora russa idosa que mora no distrito de Moscou:

Khimki, 25 de abril de 1965.

Não consigo expressar, ou melhor, não consigo encontrar as palavras adequadas para expressar minha ilimitada gratidão a você. Não há recompensa neste mundo digna o suficiente para recompensar o seu trabalho sagrado para a salvação do corpo e da alma da humanidade, o seu 'COMER CRU'. Curvo-me diante de você e não só diante de você, mas também diante de quem me trouxe esta preciosa receita para a saúde, composta por diversas passagens extraídas de seu livro. Pessoalmente, não tive a sorte de ver seu livro. Minha amiga - uma ex-professora - os copiou não diretamente do seu livro, mas de um caderno de uma amiga dela - também ex-professora, e é esta senhora que agora está escrevendo estas linhas para você, porque minha própria visão é pobre. Posso ver com apenas um olho e isso com a ajuda de uma lupa, caso contrário deveria ter agradecido muito antes.

Comecei minha prática no dia 15 de fevereiro e desde então não comi nenhum alimento cozido, nem mesmo pão... Farei noventa anos no dia 15 de agosto de 1966. Sou mais vigoroso que todos os meus amigos, e isso é atestado por outros também.

KARPOVA MARIA IVANOVNA, URSS.

Sundsvall, 12 de agosto de 1965.

Prezado Sr. Hovannessian,
Minha tia e seu marido, ambos médicos em Erivan, de nome Danielian, escrevem para mim
que eles obtiveram muitos benefícios com suas recomendações e me exortam calorosamente a adotar seu método de nutrição e cura. Por isso, por minha vez, gostaria de perguntar se poderia me enviar uma cópia do seu trabalho intitulado 'Comer Cru', pelo qual agradeço antecipadamente.

Sou um ginecologista de Istambul. Nos últimos dois anos tenho trabalhado num hospital em Sundsvall, Suécia. É com grande interesse e orgulho que lerei seu livro e suas instruções, das quais muitas pessoas já obtiveram tantos benefícios."

Dr. SHABUH GEDIK, Suécia.

Moscou, 19 de novembro de 1966.

Prezado Sr.

Estou surpreendentemente encantado com a clareza e simplicidade de seus pensamentos. É realmente

possível expor uma descoberta tão grande de uma maneira tão simples? '0 cara! A natureza criou e alimentou você e suas células com alimentos crus. Enquanto você não estiver totalmente familiarizado com a estrutura e as atividades funcionais dessas células, não perturbe seu trabalho por meio de várias substâncias não naturais e venenosas.' Este é um pensamento profético, mas como podemos deixar de nos surpreender com a sua sublime simplicidade?

Minha esposa e eu somos estudantes de pós-graduação. Eu sou físico e ela é médica. Estamos muito interessados em seu trabalho...

MICHEAL MINASIAN, URSS.

Jermook, 6 de março de 1966

Salve você, ó cientista dos cientistas! Salve você, ó professor da humanidade!

Sou assistente médico no Health Resort de Jermook, na Armênia. Pratico a alimentação crua desde 4 de novembro de 1965, convencido pelo seu livro. Tenho certeza de que serei curado pelo método que você propaga. Desde 1947 eu sofria de reumatismo, poliartrite e distúrbios nas artérias coronárias. Desde 1963, minha saúde piorou ainda mais, devido a uma grave inflamação nos rins, da qual só consegui obter alívio parcial comendo melancias.

A partir do sexto dia de alimentação crua, senti fortes dores nas articulações, mas elas cessaram posteriormente... Durante as reações decorrentes da alimentação crua, não senti o inchaço das articulações que anteriormente acompanhava todos os ataques de artrite. Nem sofri dos paroxismos de febre e hidropisia que costumavam aparecer sempre que a condição dos meus rins se agravava. Agora desfruto de um sono realmente profundo e minha pulsação caiu de 120-140 para 90-100 batimentos por minuto (sob condições de esforço). Longe vão as dores noturnas no meu coração, a caspa na minha cabeça e a transpiração nos meus pés. Já perdi cinco quilos e as dores reumáticas desapareceram. Sinto-me muito bem e minha força continua aumentando.

Minha esposa e meu filho de seis anos também estão adotando a alimentação crua. Criarei meu terceiro filho – agora com um mês de idade – da mesma forma que você criou sua filha Anahit.

Minha querida professora, trabalho como auxiliar de médico há dezoito anos e agora, aos trinta e sete anos, estou prestes a concluir um curso por correspondência no

Instituto Pedagógico. No entanto, foi no seu livro que finalmente encontrei as respostas para uma série de problemas que me atormentam há muito tempo — respostas que não consegui encontrar em nenhum outro lugar. "Um desses problemas é por que os bebês não conseguem andar como os filhotes dos animais desde o primeiro dia de nascimento. Agora estou convencido de que a razão para isso e para muitos outros defeitos fisiológicos nas crianças deve ser procurada na comida cozida. consumidos pelos seus pais e antepassados.Na minha opinião, depois de três ou quatro gerações de comedores crus, todos esses defeitos terão sido eliminados.
"Agora pretendo realizar várias investigações, criando uma série de animais diferentes, tanto pela alimentação crua quanto por outros sistemas de nutrição. Minha esposa, que é médica, me ajudará nesta experiência... Em outras questões, eu sinta-se confiante de que alcançarei o sucesso tomando como base seus ensinamentos.

V.V. GASPARIAN, Armênia SSR.

Minha irmã mais velha mora em Erivan. Envio-lhe regularmente grandes pacotes de livros, que ela dá de presente aos que estão gravemente doentes ou aos que estão convencidos de que comem crus. Aqui estão alguns trechos de suas numerosas cartas:
Meu querido Arshavir, sei que esta carta lhe dará muito prazer. A alimentação crua está a registar progressos rápidos tanto em Erivan como nas províncias. Não passa um dia sem que alguém me ligue ou me visite. Eles vêm em busca de conselhos ou de livros. Apresento seus livros a quem realmente precisa. Há uma procura ilimitada de livros, que passam de mão em mão e logo ficam em farrapos. Estou muito preocupado com o seu hábito de enviar livros gratuitamente a todos que pedem. Como você pode arcar com despesas tão esmagadoras?
Você não consegue imaginar quantos pacientes são curados comendo alimentos crus, que simplesmente adoram você. As pessoas aqui são todas humanitárias como você. Assim que alguém recupera a saúde perdida, ele assume a tarefa de curar seus parentes doentes e assim cinco ou seis outros se recuperam de doenças graves. Eles então vêm até mim e narram suas experiências. Pessoas que não conseguiam dar um passo agora conseguem caminhar dezenas de quilômetros.

Um desses pacientes sofria de edema nas mãos e nos pés há vinte anos e pesava nada menos que 115 quilos. Depois de adotar uma dieta crua, ele perdeu 10 quilos em 20 dias. Seu filho disse: 'Meu pai, que antes não conseguia mover as mãos e os pés, agora anda como uma criança.' Eles continuamente abençoam você e Anahit. Outro paciente sofria de inflamação nas cordas vocais, com perda quase total da voz. Ele agora recuperou completamente a saúde depois de uma dieta crua de apenas um mês e meio. Novamente, um jovem de 28 anos teve supuração nos rins, acompanhada de hidropisia geral em todo o corpo. Sua condição era tão grave que toda esperança foi abandonada para ele, mas agora ele está bastante bem graças à alimentação crua. Existem tantos casos semelhantes que é impossível escrever sobre todos eles. De acordo com as suas próprias estimativas, só em Erivan existem agora 2.500 pessoas que comem crus, muitos dos quais estavam gravemente doentes há muito tempo, mas agora gozam de perfeita saúde. As pessoas são curadas de doenças do coração, concreções salgadas, pressão alta, úlceras estomacais, inflamação dos rins, do fígado e da vesícula biliar, cálculos e muitas outras doenças muito graves.

Eu também estava muito doente. Sofria de pressão alta com zumbido nos ouvidos e tinha inflamação no fígado. Meu nariz sangrava duas ou três vezes por dia, eu me sentia fraco e dormia mal. Meu coração estava tão mal que todas as noites eu me perguntava se deveria ver a luz do dia novamente. Mas agora durmo tão rápido que não ouço a família indo trabalhar pela manhã. Na verdade, às vezes ficam ansiosos quando me levanto tarde demais, pensando que devo estar doente. Emagreci bastante e por mais que ande não me sinto cansado - para grande surpresa de todos.

Os que comem crus cultivam relações amigáveis entre si. Certa noite, fui convidado para ir à casa dos Colozianos.* Havia trinta e dois comedores de carne crua, além de sua própria família de quatro pessoas. Não tenho palavras para descrever a acolhida que recebi deles. Tinham preparado uma mesa lindíssima e sumptuosa, repleta de apetitosas saladas cruas, cinco ou seis tipos de tartes cruas extremamente deliciosas, uma das quais deram o nome de Anahit, um «pilau» especial de milho indiano decorado com mel e frutos secos embebidos em água e todos os tipos de frutas frescas e nozes. No final trouxeram um saboroso prato de mistura de trigo, aveia, nozes, passas e mel.

Todos os convidados eram pessoas de alto nível educacional: médicos, artistas, músicos e palestrantes. Beberam a sua saúde e a minha, e fizeram vários discursos. As torradas foram bebidas com mel e água de rosas. Finalmente descobriu-se que era o trigésimo aniversário do casamento do Sr. e da Sra. Colozian.

Um bom número de médicos tornou-se comedor de carne crua. Um jovem médico e sua esposa, que também era médica, vieram me ver do Health Resort em Jermook. Eles me disseram que tinham de quarenta a cinquenta pacientes por dia, e todos precisavam de seus livros. Eles me garantiram que a demanda por seus livros poderia chegar a milhares. O médico de Spitak proferiu uma palestra sobre a cólera, no final da qual falou sobre a alimentação crua e aconselhou o seu público a obter um exemplar do seu livro e, depois de o ler atentamente, a pôr em prática as suas recomendações.

Um venerável médico de sessenta e quatro anos veio até mim de Kirovakan. Ele me contou que estava gravemente doente, mas que, junto com sua esposa, havia adotado a alimentação crua há mais de um ano e com isso havia recuperado a saúde.

Ele também me contou que o Diretor da Cátedra de Higiene Nutricional do Instituto de Medicina de Erivan, Dr. A. Harootiunian*(Page153), havia proferido uma palestra em Kirovakan na presença de médicos, pacientes e, acima†† de tudo, de comedores de

---

O Sr. Colozian é um pintor veterano em Erivan. A história de sua família é realmente muito interessante. Ele próprio sofria de úlcera estomacal crônica, acompanhada de hemorragia. Recusando-se a aceitar remédios no hospital, ele passou a comer alimentos crus e se recuperou completamente da doença. Sua esposa teve uma infecção fúngica (blastomicose). Depois de quatro meses comendo alimentos crus, suas unhas começaram a crescer e a tosse desapareceu. A filha deles se casou, engravidou comendo alimentos crus e deu à luz seu filho sem nenhum vestígio de sangramento. Ela agora está educando seu filho com alimentação crua.

alimentos crus. No final da palestra, a questão da alimentação crua surgiu em discussão. Vários comedores de carne crua, que permaneceram em hospitais por meses a fio sem qualquer resultado e agora haviam sido curados pela alimentação crua, exigiram que seus registros hospitalares fossem examinados e fossem feitas comparações apropriadas com sua condição atual. Eles também desejaram saber por que o orador criticou publicamente o consumo de alimentos crus sem examinar os fatos relevantes. Um dos comedores de carne crua até se levantou e perguntou ao médico Kirovakan se ele o reconhecia. Ao receber uma resposta negativa, ele continuou: 'Sou o paciente cujo caso você considerava sem esperança e que você recebeu alta do hospital para morrer em casa. E hoje, graças à alimentação crua, estou com perfeita saúde. O médico ficou pasmo."

SIRANOUSH BABAKHANIAN, Erivan.

Erivan, 20 de novembro de 1966.

Prezado Sr. Hovannessian,

No início de outubro passado, por acaso, encontrei um exemplar do seu livro intitulado 'Along the Paths of Raw-eating' (1965), que me foi confiado apenas por um dia. Minha caneta não consegue descrever a emoção e o fascínio com que li seu livro de capa a capa, ponto por ponto. No primeiro instante desapareceu de dentro de mim o passado, quando ano após ano eu caminhava em direção à minha última morada com a marca do falso homem estampada no rosto...

Antes mesmo de terminar de ler o livro, enviei ao diabo todos os alimentos degenerados e os frascos e cápsulas de remédios que foram meus companheiros constantes até o momento feliz em que li seu tratado MASTERLY. Isso foi no dia 8 de outubro passado, no meu sexagésimo primeiro aniversário – um dia que jamais será esquecido graças ao seu maravilhoso presente, que aceitei prontamente para me tornar seu devotado seguidor, um comedor de crus. Você pode muito bem imaginar as mudanças que ocorreram em meu organismo destroçado desde aquele dia até hoje... Durante anos, eu vinha arrastando uma existência miserável sob o peso esmagador de uma série de doenças. Em particular, o bócio sufocante e a insuportável ciática haviam banido o sono dos meus olhos. Quanto à condição do meu coração, deixo para você adivinhar.‡‡

Tendo me libertado das garras implacáveis da doença, tornei-me uma pessoa vigorosa, ativa e enérgica. O dia todo corro sem apoio, como um cervo nas montanhas... Não consigo encontrar mundos para expressar minha gratidão a você, meu altruísta, meu irmão TALENTOSO. Por favor, aceite as calorosas saudações de sua irmã distante, que está tão orgulhosa por ter seu sobrenome – Ter Hovannessian.

**Este senhor já havia inserido um artigo no jornal "Comunista", publicado em Erivan (1964, nº 171), no qual, sem negar inteiramente os benefícios da alimentação crua, restringia seu uso a casos limitados de certas doenças apenas, e ao mesmo tempo elogiava as perniciosas proteínas animais e as vitaminas artificiais. Finalmente, ele alertou seus leitores para não se alimentarem de alimentos naturais sem orientação médica. Para*

Já dei uma resposta esmagadora a estas afirmações no meu trabalho arménio intitulado "Along the Paths of Raw-eating".

Até minha regeneração, a cada hora, as palpitações do meu coração me davam avisos constantes do acidente vascular cerebral iminente, que passei a considerar uma forma "feliz" de morte rápida. Mas agora desejo viver para poder ouvir com meus próprios ouvidos o nome do meu talentoso irmão nos lábios de todos os povos do mundo... SEU TRABALHO É JUSTO; A ALIMENTAÇÃO VENENOSA SERÁ ABANDONADA; VOCÊ SERÁ VITORIOSO...

HAIKANOUSH TER-HOVANNESSIAN, RSS da Armênia.

Estas e milhares de outras cartas recebidas de consumidores de carne crua de diversas nacionalidades de todo o mundo provam que os pacientes que param de usar medicamentos e alimentos cozidos são imediata e invariavelmente curados de todo tipo de doença, de uma vez por todas.

O jornal "AVANGUARD", publicado em Erivan, capital da Armênia Soviética, escreve em um de seus números (1964, nº 98): "Vários engenheiros, músicos e pintores, todos homens cultos, tornaram-se comedores crus. Eles garantem que se sentem tão leves e saudáveis que não transpiram e não sentem as palpitações do coração.

O jornal de Moscovo chamado "CIÊNCIA E VIDA" confessa na sua edição de Março de 1965 que há muitos comedores crus entre os seus leitores, que foram curados de várias doenças e informaram os editores de todos os detalhes da sua recuperação.

Nestas circunstâncias, não se compreende por que razão os biólogos e outras autoridades responsáveis não tomam medidas activas para implementar os princípios da alimentação crua. Por que hesitam quando foi encontrado o caminho para alcançar o seu objectivo final de libertar a humanidade das doenças e garantir uma vida feliz para todos? Se assim o desejarem, poderão curar todos os doentes no prazo de dois meses e esvaziar os hospitais dos seus pacientes. É dever de toda pessoa nobre perguntar-lhes se desejam alcançar este objetivo ou não.

Declaro solenemente ao mundo inteiro que DORA EM DIANTE A PRESCRIÇÃO DE MEDICAMENTOS VENENOSOS E A RECOMENDAÇÃO DE ALIMENTOS COZIDOS DEVEM SER CONSIDERADOS COMO OS CRIMES MAIS HUMANOS CONTRA A HUMANIDADE, PORQUE SÃO OS FATORES QUE CAUSAM TODAS AS DOENÇAS HUMANAS.

A primeira comedora de alimentos crus do século XX, Anahit, de dez anos, filha de Aterhov, que nunca consumiu um único pedaço de comida cozida ou degenerada em sua vida.